학교경영과 신뢰

교장과 교사간 신뢰 증진 방안

저자
Phyllis A. Gimbel
역자
정성수 · 홍창남 · 박상완 · 이쌍철

SOLUTIONS FOR PROMOTING PRINCIPAL-TEACHER TRUST

도서출판 원미사

A SCARECROWEDUCATION BOOK

Published in the United States of America
by ScarecrowEducation
An imprint of The Rowman & Littlefield Publishing Group, Inc.
4501 Forbes Boulevard, Suite 200, Lanham, Maryland 20706
www.scarecroweducation.com

PO Box 317
Oxford
OX2 9RU, UK

British Library Cataloguing in Publication Information Available

Library of Congress Cataloging-in-Publication Data

Gimbel, Phyllis A., 1946–
  Solutions for promoting principal–teacher trust / Phyllis A. Gimbel.
    p. cm.
  "A ScarecrowEducation book."
  Includes bibliographical references and index.
  ISBN 1-57886-021-0 (pbk. : alk. paper)
  1. School principals—Psychology. 2. Teacher–principal relationships.
3. School environment. 4. Trust. I. Title.
LB2831.9.G56 2003
371.1'06—dc21 2003008246

∞™ The paper used in this publication meets the minimum requirements of American National Standard for Information Sciences—Permanence of Paper for Printed Library Materials, ANSI/NISO Z39.48-1992.
Manufactured in the United States of America.

역자 서문

중앙집권적인 통제에서 벗어나 개별 단위학교를 중심으로 한 책임경영이 더욱 강조되는 학교자율화 시대를 맞이하여 교장의 역할과 책무는 더욱 강화되고 있는 추세이다. 학교장에게 지금보다 더 많은 권한과 책임을 위임하고 이양하는 것에 대해 여전히 논란이 있는 것도 사실이지만 개별 단위학교의 성공과 실패에 있어서 가장 중요한 존재가 학교장이라는 사실만큼은 변함이 없는 것 같다. 다만, 이제는 단순히 단위학교의 성패에 학교장이 가장 중요하다는 논의를 넘어서 학교장이 어떻게 행동해야 하는지에 대해 이전보다 더욱 구체적이고 풍부한 논의를 해야 할 시점에 와 있다.

오늘날의 학교는 구성원들이 서로 협력하고 노력하여 최대한의 성과를 내야하며, 이를 통해 학생, 학부모, 지역사회 등 교육수요자들로부터 선택을 받아야 하는 상황에 있다. 그렇다면 과연 어떻게 해야 수요자들로부터 선택을 받을 수 있을까? 여러 중요한 요인들이 있겠지만 학교에 대한 그리고 학교의 구성원들간의 신뢰(Trust)가 하나의 대안이 될 수가 있을 것이다. 하지만 아직까지 한국교육에서 신뢰는 중요한 키워드로 주목받지 못하고 있는 것 같다.

학교교육에서 신뢰는 교장-교사간, 교사-교사간, 교사-학생간, 교사-학부모간 등 여러 차원에서 살펴볼 수 있겠지만 학교의 성공과 실패에 있어서 가장 중요한 열쇠를 쥐고 있는 사람은 학교장이라는 점에서, 우선은 학교장과 다양한 구성원들간의 관계에서 어떻게 하면 서로를 신뢰할 수 있을 것인지에 대해 살펴볼 필요가 있을 것이다.

이 책은 Gimbel(2003)의 저서 『Solutions for Promoting Principal-Teacher Trust』를 번역한 것이다. 이 책은 교육학을 전공한 역자들이 2008년도부터 학교에서의 신뢰에 관심을 가지기 시작하면서 모았던 여러 자료들 중의 하나이다. 이 책에서 Gimbel은 교장과 교사간의 신뢰가 매우 중요함을 보여주면서, 교장이 어떻게 해야 교사들의 신뢰를 얻을 수 있는지에 대해 실제적인 행동 지침들을 제시하고 있다.

신뢰에 관한 많은 단행본들 중에서 이 책을 제일 먼저 택한 이유는 다른 자료들에 비해 책이 쉽게 쓰여졌고 실제적인 내용을 담고 있다는 것이다. 쉬운 책이 어디 있겠냐마는 이론적인 논의로만 구성된 책보다는 교장과 교사들과의 면담을 통해서 그들이 생각하고 있는 신뢰가 무엇인지, 신뢰에 대해서 얼마나 다르게 인식하고 있는지 등에 대한 구체적인 사례들을 제시하고 있다는 점에서 이 책은 매우 매력적이었다. 그렇다고 해서 이론이 중요하지 않다는 것은 절대 아니다(이 책을 함께 번역한 우리들이 두 번째로 기획하고 있는 것은 학교에서의 신뢰에 대한 이론적인 논의들을 연구하고 정리하는 것이며 이는 현재 진행 중에 있다). 다소 딱딱하게 느껴질지도 모르는 이론적인 논의들을 먼저 내놓기 보다는 학교현장에서의 신뢰에 대해서 관심을 가지고 있는 사람들이 교양도서의 형태로 들고 다니면서 언제 어디서든 쉽게 읽을 수 있게 함으로써 학교에서 신뢰의 의미와 의의를 공감하게 하는 것이 먼저라고 생각하였기에 이 책을 선택하였다.

이 책은 교사들의 신뢰를 얻기 위한 교장의 행동 지침을 제시하고 있다는 점에서 학교장이 주요한 독자층이라고 할 수 있다. 하지만 교사들이 생각하는 신뢰에 대해서도 지면의 많은 부분을 할애함으로써, 향후 교장이 되려는 교사뿐만 아니라 교직경력이 짧은 초보 교사들에게도 매우 유용한 정보를 제공해주고 있다. 이런 점에서 이 책은 매우 광범위하게 읽혀질 수 있을 것이다.

박사학위를 마치고 대학에 둥지를 튼 지가 엊그제 같은데 벌써 2년이 지났다. 이 책은 역서이긴 하지만 역자가 주도적으로 역할을 한 첫 작품인 셈이라 매우 조심스러웠다. 다행히 주위에 좋으신 분들이 많아 공동 작업을 할 수 있었고, 그분들을 믿고 용기를 내었다. 역자 서문을 대표로 쓰고 있지만 이 책은 역서를 내기로 결정한 이후부터 끝까지 함께 읽고 검토를 해 주신 부산대학교 홍창남 교수님, 부산교육대학교 박상완 교수님, 부산대학교 박사과정 이쌍철 선생과의 공동 작품이다. 역서가 무사히 나오게 된 것은 모두 이 세 분 덕분이다. 다시 한 번 감사를 드린다. 아울러, 대학의 주 교재가 아니면 출판을 꺼리는 업계의 사정에도 불구하고 흔쾌히 역서 출간에 동의해주신 원미사 박준식 사장님께 감사드리며, 나를 대신해 모든 궂은 일과 함께 행정적 지원을 해주는 교육대학원의 하주형 조교와 원고 교정을 꼼꼼하게 해준 윤현진 조교에게도 고마움을 전한다.

마지막으로, 이 책의 공동 역자인 우리들은 지금까지와 마찬가지로 앞으로도 교육에서의 신뢰에 관해서 함께 공부를 할 것이고, 이 역서는 그 출발점이다. 우리는 이 역서를 시작으로 교육과 신뢰를 주제로 한 연구 결과물을 계속 발표할 것이며 공부의 범위도 넓혀 갈 예정이다. 앞으로도 계속 관심을 가져주길 부탁한다.

2010년 2월

역자를 대표하여 정성수

추천의 글

미국에는 92,000여 명의 교장이 있다. 이 가운데 절반가량은 앞으로 몇 년 내에 은퇴한다. 따라서 향후 초중등교육의 리더십 수준은 학교를 이끌어갈 새로운 세대를 어떻게 준비시키느냐에 따라 크게 달라질 것이다. 이 책에는 신임 교장과 경력 교장 모두의 경영 실천을 개선하는 데 필요한 현장 지식과 연구 결과들이 담겨 있다.

기존 교사들의 비전을 훼손하지 않은 채 교장이 새로운 비전을 학교에 도입하는 방법은 무엇인가? 교사와 교장간의 협력적 관계를 유지하고 발전시키면서도 변화를 일으키는 것이 과연 가능한가? 교장과 교사간 신뢰 관계를 구축하는 동시에 학교 문화를 개선하려면 무엇이 필요한가?

필리스 김벨(Phyllis A. Gimbel)의 연구는 유능하고 신뢰받는 학교경영자가 된다는 도전적인 과제 및 그와 관련된 현장의 생생한 경험과 유익한 연구 결과들을 보여준다. 김벨은 자신의 개인적 경험과 친구나 동료들이 들려준 일화를 활용하여 설득력 있는 이야기를 우리에게 들려준다. 이 책에 제시된 자료들은 교장 인턴십 과정을 운영하는 기관들이 교장론에 관한 교재를 다시 써야 한다는 점을 보여준다. 아무리 좋은 뜻을 품고 있는 교장이라 하더라도 그 뜻을 제대로 실천할 수 있는 적절한 수단을 준비하지 않은 채 학교 현장에서 근무하는 것은 더 이상 용납될 수 없다. 학교 교직원들이 교장의 리더십을 신뢰하지 않는다면 교장은 살아남을 수 없다. 김벨은 이러한 핵심적인 문제, 즉 '교장을 신뢰하는 사람들이 모인 학교'를 만들려면 어떻게 해야 하는가 하는 문제를 다루고 있다.

신임 교장은 자신이 이끄는 학교를 변화시켜야 할 법적 책임이 있다. 많은 공립학교 교사들은 자신에게 맡겨진 아이들을 교육하는데 실패할 위험에 처해 있다. 그 일을 제대로 수행하려면 교사와 직원, 지역주민들이 모든 아이들에게 수준 높은 교육을 제공하는 일에 적극 협력하도록 이끌어 줄 지도자가 있어야 한다. 나는 이 책을, 도전을 좋아하고 즐겁게 일하길 원하며 넓은 안목이 필요한 모든 이들에게, 특히 학교장을 천직으로 받아들이는 모든 이들에게 추천한다.

밀리 피어스(Milli Pierce), 교육학박사
하버드 교육대학원 교장양성센터 소장

저자 서문

롤랜드 바스(Roland S. Barth)는 1990년에 지은 자신의 저서 〈Improving Schools from Within〉에서 다음과 같이 말하고 있다. “교사의 권한강화, 학생의 최소 성취수준도달, 단체 협상 등이 점차 강조되는 현실, 학생수와 교사수는 감소하지만 소송은 더 증가하는 현실, 특히 ‘책무성’에 대한 요구가 커지고 있는 현실에서, 불행하게도 교사와 교장 사이의 긴장 수준은 점점 높아지고 있다”(pp. 19-20).

교장-교사 관계에 대한 제약 요인들은 오늘날에도 별로 달라지지 않았다. 사실, 교장과 교사의 책무성이 강조되면서 그들 사이의 신뢰 문제는 더 심각해지고 있다. 교장이 교사를 평가하는 구도가 계속되는 한, 교장은 교사와의 신뢰관계를 구축하기 위한 다른 방안을 찾아내야 한다.

이 책은 나의 교장 경험에서 나온 것이다. 오랫동안 교사로서 교실에서 근무하다가 교장으로 전직하면서, 나는 이전에 경험해보지 못한 새로운 일, 즉 ‘교사와의 신뢰 관계 구축’에 관심을 두게 되었다. 나는 새로운 친구를 사귀거나 다른 사람과 대화를 나누거나 다른 사람의 감정을 이해하기를 즐기기 때문에 파티에 자주 초대받는 외향적인 사람이었다. 나는 개인적으로든 직업적으로든 사람들과 이야기하는 데 있어서 어려움을 겪어본 적이 한 번도 없었다.

그런 상태에서 나는 교장이 되었다. 메사추세츠 주에서 교장은 단체 협상의 대상자가 아니다. 나는 더 이상 교사휴게실에서 함께 농담을 주고받고 교수방법에 대해서 논의했던 교사 집단의 일원이 아니었다. 나는 더 이상 교무실에 들어가서 교사와의 대화에 참여할 수 없었다. 내가 교무실에 들어갈 때마다 교사들은 대화를 멈추었다.

다른 사람들이 나를 대하는 방식이 바뀌면서 나는 몹시 괴로웠다. 하루하루의 생활이 불편했으며, 다른 사람들이 나를 어떻게 생각할까를 늘 고민했다. 교장이 된 이후 대부분의 시간은 다른 사람을 만나는 데 사용되었으며, 이는 학교에 도착하는 순간부터 학교를 떠나는 순간까지 계속되었다. 이러한 만남은 대부분 면대면 방식이었으며, 내 역할은 아주 사적인 경향을 띠었다. 나는 교사들이 내가 진심으로 대한다는 것을 알고 있는지 궁금했다. 그들은 개방적이고 정직한 내 성품을 존중했을까? 그들이 원하는 것을 제공하려고 내가 노력하고 있다는 것을 그들은 이해했을까? 그들은 나를 신뢰했을까?

신설 중학교를 이끌어갈 책임을 맡은 신임 교장의 입장에서 신뢰는 무엇보다도 중요했다. 변화를 이끌어내기 위해 나는 교직원들의 신뢰가 필요했다. 내가 교사에게 부여된 역할기대를 모두 파악하고 있는 동시에 교사의 전문성을 존중하고 있다는 사실을 교사들도 이해할 필요가 있었다. 교장으로서 나는 내가 중요하다고 생각하는 정책을 펼치기 위해서 교사들에게 의존해야 했다. 교장은 학교조직의 상징적 지도자로서 신뢰 분위기를 형성하는 데 있어 학교에서 가장 중요한 사람이라는 것을 나는 알고 있었다.

학교지도자 박사과정에 등록한 후, 나는 신뢰에 대한 간단한 예비조사를 진행하기로 작정하였다. 교장 임기 2년째 되던 해에, 나는 '교사들과의 신뢰 관계를 구축하는 데 있어 내가 수행했던 역할이 어떠했는가'에 관하여 교사들에게 질문하였다. 그들의 응답은 내가 이 주제에 대해 깊이 생각하도록 자극하였으며 나중에 이 책을 쓰게 된 원동력이 되었다.

감사의 글

통찰력이 넘치는 교육자이며 훌륭한 작가인 나의 딸 Emilie Gimbel Schnitman에게 특히 감사하고 싶다. 그녀는 나의 원고에 대해 적절하고 객관적인 지적을 해주었다.

박사과정 시절에 지도조언을 해주신 John F. LeBaron 박사, Joyce Taylor Gibson 박사, Charles (Chuck) Christensen 박사에게도 감사드린다. 세 분이 함께 지도해주시지 않았더라면 이 책의 아이디어들을 구상할 수 없었을 것이다. 특히 LeBaron 박사는 '학교에서의 신뢰'라는 주제를 바탕으로 한 책이 출판할 만한 가치가 있다고 조언해주셨다.

Scarecrow Education 편집장이신 Cindy Tursman씨는 나의 질문들을 잘 참아주었다. 그녀의 귀중한 조언에 감사한다. Susan Villani 박사는 이 책을 집필하기 시작한 초기 단계에 멘토 역할을 해주셨다. 그녀의 조언 역시 말할 수 없이 소중하였다.

차 례

역자 서문 / 3

추천의 글 / 6

저자 서문 / 8

감사의 글 / 10

서론 / 13

제1장 교장-교사 신뢰관계 구축을 위한 노력 / 21

신뢰와 교장-교사 관계 ········ 25

교장-교사의 일대일 관계 구축의 필요성 ········ 25

지도자 행위와 신뢰 ········ 27

교장-교사 간 신뢰관계의 증진 ········ 28

왜 학교에서 신뢰가 중요한가? ········ 32

제2장 신뢰에 대한 교장 · 교사의 인식 / 35

명랑중학교 ········ 37

핸디중학교 ········ 43

서부중학교 ········ 52

신뢰의 공통 요소 ········ 58

제3장 지도자의 신뢰 증진 행동 / 61

명랑중학교에서의 소통적 행동 ········ 63

핸디중학교에서의 소통적 행동 ········ 67

서부중학교에서의 소통적 행동 ········ 72

명랑중학교에서의 지원적 행동 ······ 76
핸디중학교에서의 지원적 행동 ······ 81
서부중학교에서의 지원적 행동 ······ 85

제4장 교장-교사의 신뢰에 대한 생각 알기 / 91

신뢰의 의미에 대한 생각 ······ 95
신뢰를 쌓는 행위, 실천, 규정 ······ 98

제5장 학교경영자에게 주는 실제적 의의 / 107

실제적 의의 ······ 110
교장 임용 과정 ······ 113
교장 연수 프로그램에의 의의 ······ 117

제6장 결론 / 121

제7장 요약 / 127

지원적 행동 ······ 130
소통적 행동 ······ 133
교직원 신뢰에 기초한 리더십 ······ 136

참고문헌 / 138

서 론

서론

교장을 학교의 지도자(school leader)로서, 교사에게 필요한 자원과 학급경영 지식 그리고 교직을 수행하는 데 도움이 되는 모든 것을 제공하기 위하여 노력하는 중개인(broker)으로서 인정하고 의지하게 될 때 비로소 신뢰가 형성된다.

- 중학교 교사

신뢰는 불확실해서 하룻밤 사이에 사라질 수도 있다.

- 중학교 교장

"왜 우리는 더 많은 사회과학 서적을 구할 수 없습니까? 1983년에 출판된 책을 1998년에 사용하면서 학생들을 위한 교재를 구할 수 없다고 말하는 것은 우스꽝스러운 일입니다. 교장선생님은 책을 구해주기 위해 정말 노력해보셨습니까?" 어느 중학교 2학년 교사가 신설 중학교 신임 교장으로 부임한 나에게 질문을 던졌다.

나는 낡아 부스러지는 건물을 둘러보았다. 페인트가 벗겨진 벽, 구멍이 파인 콘크리트 현관 계단, 24개나 깨진 유리창, 곰팡이가 핀 나무 창틀, 물기로 얼룩진 천장, 방음 타일이 뜯겨져 나가 1948년에 설치된 납 파이프를 드러내고 있는 천장, 어두운 복도, 더럽고 낡은 진한 갈색의 타일 바닥, 보호 덮개가 사라져 속이 그대로 노출된 콘센트, 불이 들어오지 않는 비상구 표지판, 좀 먹은 강당 커튼, 위로 올려진 채 고정되어 버린 창문의 햇빛 가리개, 지우개로 흐릿하게 지워져 있는 족히 50년은 되어 보이는 칠판.

나는 교사들이 불평하는 소리를 들었다. 도형계산기와 필기도구가 충분하지 않다, 스피커가 고장이 나서 공지사항을 들을 수 없다, 컴퓨터를 이용하지 못한다, 책상과 의자가 못쓰게 되었다 등등. 장애학생 통합교육에 필요한 제대로 훈련받은 특수교사와 보조원이 충분하지 않다고 안타까워하는 교사들의 이야기도 들었다. 교육청이 교사자격 갱신을 위한 연수과정을 충분히 제공하지 못한다고 불평하는 교사들도 있었다. 그들은 다른 교육청에서는 교사 연수 프로그램을 더 많이 제공한다고 불만을 제기하였다. 해야 할 일은 너무 많은데 함께 모일 시간은 부족하다는 교사들의 목소리에 나는 귀를 기울였다.

나는 귀 기울여 들으면서 교사들의 마음을 이해하려고 노력하였다. 교사들의 이야기를 듣고서 교사들이 처한 열악한 현실에 대해 나 역시 매우 실망하고 있다고 말하자, 교사들은 나를 신뢰하기 시작하였다. 나는 당신들을 지지하며 가능하다면 어떤 자원이든지 구하려고 애쓴다고 말하였다. 내가 제안한 예산안에는 교사에 대한 관심과 배려가 반영되어 있었다. 내 생각에 나는 교사들과 관계를 쌓고 있었으며 그만큼 신뢰를 구축하고 있었다.

신뢰를 쌓는 일이 정확히 얼마나 중요할까? 에드워드 드밍 품질센터(W. Edwards Deming Quality Center) 소장 존 휘트니(John O. Whitney) 교수의 연구에 의하면, 근무시간의 절반 이상이 신뢰 부족 때문에 낭비되고 있다(Cooper, 1997).

백인 노동자들만 거주하는 해안 지역에 있는 중학교의 신임 교장이었을 때, 교사를 신뢰한다는 사실을 보여주기 위해 내가 어떤 일을 했고 어떤 일을 하지 않았는지 지금으로서는 확실하게 말할 수 없다. 나는 두 학교를 합병하여 중학교를 신설해야 하는 임무를 맡았으며, 두 학교의 교직원을 통합하는 동시에 교직원의 삼분의 일 이상을 새로 선발해야했기 때문에, 교장으로서 내가 교사들에게 관심이 있고 지지하며 신뢰한다는 점을 교사들이 알아주었으면 했다. 나 역시 그들이 나를 신뢰하는지 알고 싶었다. 경험을 통해서 나는, 중학생을 가르치는 더 좋은 방법에 관하여 교사들끼리 아이디어와 생각을 공유하고 서로 협력하는 데 있어서 상호 신뢰가 얼마나 중요한지 알고 있었다. 신뢰는 모든 학교급에서 중요하지만 특히 중학교에서는 교사와 교장이 어린 청소년들에 대한 관심과 배려를 보여주면서 단합된 노력을 하는 것이 결정적으로 중요하다는 사실을 나는 잘 알고 있었다.

그러나 한편으론 걱정이 되었다. 고등학교와 초등학교에서 각각 근무하다가 원하지 않았던 중학교로 온 두 교직원 집단을 조화시키는 작업을 공개적이면서 동시에 개인적인 방식으로 진행해야 한다는 점이 걱정스러웠다. 나는 가능한 개방적이고 공정한 태도를 유지하면서 교사들의 개인적인 요구와 집단적인 요구를 충족시키려고 열심히 노력했다고 생각한다.

문제가 생길 때마다 나는 교사들을 만났다. 일과 시간 대부분을 교사들과 함께 보냈다. 교사, 학생, 학부모들과 함께 불편한 상황을 회피하지 않고 정면으로 맞섰다. 교사들이 강제로 이 학교로 와서 새 교장을 만난 것이라는 사실을 알고 있었기 때문에 나는 교사들의 시각을 이해하는 데 집중했다.

교장 임기 2년이 끝나갈 무렵, 나는 교사들과의 관계 형성에 관하여, 즉 교사들이 나를 신뢰하는지, 내가 그들을 신뢰한다는 것을 그들이 알고 있는지에 관하여 좀 더 알고 싶었다. 나의 행동들이 교장인 나에 대한 신뢰를 높이고 있는지 확인하고 싶었다. 인근에 중학교 개편이 몇 군데 더 진행되고 있었기 때문에 교직원 간 신뢰가 필요하다는 점을 알고 있었다. 내가 신뢰할만하다고 생각하는 행동에 대해 교직원들도 똑같이 인식하는지 궁금했다. 그래서 나는 교장과 교사 사이에 신뢰가 어떻게 형성되는지에 관하여 교사들을 대상으로 간단한 예비조사를 실시해보았다. 응답자들의 반응에서, 교장인 나에 대한 신뢰를 높여주는 행동과 신뢰 형성을 방해하는 행동들을 알 수 있었다.

예비조사의 자료들을 범주화하는 과정에서, 우리 학교에서 신뢰가 어떻게 인식되고 있는지 그 몇 개의 차원이 분명히 나타났다. 나는 이러한 대인신뢰의 여러 차원들이 다른 공립학교에서도 동일하게 나타나는지 궁금했다. 또한 신뢰를 구축하는 방법에 대해 임기 초반에 미리 알았더라면 교사와 학생들을 위해 더 많은 것을 성취할 수 있었을까 하는 점도 궁금했다. 내가 시행한 예비조사는 이 책을 쓰게 된 원동력이 되었으며 다음 질문들을 갖게 했다. 신뢰를 구성하는 요인은 무엇인가? 교장의 어떤 행동이 교장과 교직원 사이의 신뢰를 증진시키는가?

이러한 질문에 대답하기 위하여 이 책은 몇 개의 장으로 이루어져 있다. 1장에서는 지도자의 행동과 신뢰, 신뢰와 교장-교사 관계, 그리고 학교에서 신뢰가 왜 중요한지를 탐구하였다. 2장에서는 세 개 학교에서 교장과 교사들이 인식하는 신뢰의 의미에 대해 살펴보고 신뢰의 공통 요소 몇 가지를 제안하였다.

3장에서는 세 학교에서 신뢰를 증진시키는 지도자의 행동을 교장과 교사의 관점에서 각각 기술하였다. 4장에서는 신뢰에 대한 교장과 교사의 인식을 이해하고자 하였다.

5장에서는 '신뢰 증진기제(trust enhancers)'이라고 이름 붙인 목록을 제시함으로써 지금까지 논의한 것들이 교육실무자에게 어떤 의미가 있는지를 규명하였다. 여기 제시된 특정한 행동을 활용하면, 현재 또는 미래의 학교 지도자들은 신뢰 구축 행동을 하게 될 것이다. 또한 교장 임용과 교장 양성프로그램 개선에 관한 몇 가지 제안도 덧붙였다.

6장에는 법적으로 추진되고 있는 현재의 학교개혁과 신뢰 증진이 서로 어떻게 연관되는지에 대한 나의 생각이 담겨있다. 마지막으로 7장은 신뢰 강화요인을 요약하고, 그것들이 유용하게 적용될 수 있는 실천 사례들을 제시하였다.

제 1 장

교장-교사 신뢰관계 구축을 위한 노력

신뢰와 교장-교사 관계
교장-교사의 일대일 관계 구축의 필요성
지도자 행위와 신뢰
교장-교사 간 신뢰관계의 증진
왜 학교에서 신뢰가 중요한가?

제 1 장
교장-교사 신뢰관계 구축을 위한 노력

"전통적으로 해 오던 크리스마스트리 대신, 소원의 우물(wishing well) 행사를 개최하여 아이들이 가난한 사람들을 위한 선물을 가져오게 할 것입니다." 진(Jean)은 초등학교 교장 취임 후 두 번째 교직원 회의에서 이와 같이 발표하였다.

"정신이 나갔나봐."하고 몇몇 교사들이 투덜거렸다. 그들은 "우리 학교는 25년째 크리스마스트리 장식을 해왔습니다."라고 설명하였다. 교원노조 분회장도 단호하게 말하였다. "그렇게 할 수 없습니다. 교사들은 수십 년간 크리스마스 장식에 힘써왔고, 올해에도 크리스마스트리 장식을 기대하고 있습니다. 아름다운 트리 장식 덕분에 학부모들과 아이들은 크리스마스 기간 동안에 학교에 오고 싶어 합니다."

진이 말하였다. "이 문제에 대해 깊이 고민해 보았습니다. 우리 학교의 일부 학생들은 여호와의 증인이며 크리스마스를 기념하지 않습니다. 유대교과 이슬람교를 믿는 학생들도 있습니다. 어떤 아이들은 너무 가난해서 선물을 주고받지 못합니다. 그래서 나는 우리가 크리스마스트리를 장식해서는 안 된다고 생각합니다."

그 교직원 회의가 열린 지 1주일 후, 진은 트리를 장식하지 않기로 한 자신의 결정을 다룬 기사가 지역 신문에 실린 것을 보았다. 기사의 제목은 "새로 부임한 교장은 크리스마스트리를 허용하지 않는다."였다. 교원노조 대표를 포함한 몇몇 교사들이 기사에 인용되었는데, 그들은 새 교장이 지역 전통을 존중하지 않았으며, 교사들과 상의하지 않은 채 성급한 결정을 내렸다고 주장하였다.

새로운 기사는 '진이 새로 교장이 되어 맨 처음 다룬 문제는 바로 크리스마스 트리였다.'로 시작되어 계속해서 진의 강요에 교사들이 당황하고 있다고 기술하고 있었다.

그 기자는 교원노조 분회장이 전화 제보를 했다고 말하면서, 새 교장이 부임한 지 두 달 만에 상의도 없이 교사들에게 매우 중요한 것이자 지역 전통의 상징을 교사들에게서 빼앗아 갔다는 분회장의 제보 내용을 전해주었다. 그 기자는 자신의 비전을 추구하는 학교장의 개인적인 개혁 노력에 초점을 두어 인터뷰하고 싶다고 연락을 해 왔으나 진은 거절하였다.

최근 모든 관심이 학생들의 성취도 향상에 집중되고 있는 가운데, 한 학교 내에서의 작은 사건이 이 정도로 확대되었다는 것은 뜻밖의 일이다. 그러나 학생들의 성취도를 향상시키기 위해서는 먼저 교직원이 교장을 신뢰하는 학교 문화가 구축되어 있어야 한다. 교장으로서 교사의 신뢰를 어떻게 이끌어낼 것인가 하는 것은 교장이 어떻게 행동하느냐에 달려 있다. 진과 같은 교장은 교장의 행위가 어떻게 교장-교사 간 신뢰 관계를 구축하는 과정에 영향을 미치는가를 생생하게 보여주는 사례이다.

신뢰와 교장-교사 관계

무엇이 진의 결정을 이끌었으며, 진의 입장에서 교사들의 신뢰를 이끌어 낼 수 있는 다른 방안은 없었는지 생각해보자. 일류 교육대학을 막 졸업한 진은 어떻게 학교를 효과적으로 운영할 것인가에만 집중하였다. 개신교 목사의 딸인 진은 모든 아동이 사회적으로나 학문적으로 동등한 교육기회를 누려야 한다는 이념에 동조하였다. 그녀가 교장이 되고자 했던 한 가지 이유도 그녀의 성장과정과 일류 교육대학에서 공부하는 과정에서 배운 가치들을 실현하고 싶었기 때문이었다. 크리스마스트리를 없애는 것은 자신이 부임한 초등학교의 다양한 학생들을 위하여 공정성을 존중하는 방안이라고 생각하였다. 그렇다면 진이 어떻게 행동했어야 교사들과의 상호 신뢰 관계를 구축하고 자신의 꿈을 효과적으로 실현할 수 있었을까? 학교에서 신뢰란 무엇을 의미하는가?

아마도 진은 자신의 행위가 자기와 교사들의 관계에 어떤 영향을 줄 것인지에 대해서는 고려하지 않았을 것이다. 그녀는 학교지도자에게 주어진 한 가지 과제가 지도자와 추종자간의 신뢰 관계를 구축하는 것이라는 사실을 깨닫지 못했을 것이다. 교장은 자신이 중요하다고 생각하는 정책의 실행 과정에 교사들이 참여할 것으로 기대할 수 있어야 한다.

교장-교사의 일대일 관계 구축의 필요성

학교에서 '관계'가 중요함에도 불구하고, 최근 학교 책무성이 강조되면서 교장-교사 관계가 위축되고 있다. 지난 십여 년 동안, 주(州) 단위 시험과 교육과정에 기초한 학교 개선에 국가적 관심이 집중되어 왔다. 요즘 학교는 학생 성취도에 대한 책무성과 관련하여 과도한 압박을 받고 있다. 책무성에 대한 강조는 교장-교사 간 긴장을 유발하고, 이는 교장-교사 간 신뢰관계 구축을 어렵게 만든다. 그러나 학생 성취도에 관한 아이디어를 공유하고, 기대수준을 높이며, 학습공동체를 꾸리기 위해서는 교장-교사 간 협력의 필요성이 다른 어느 때보다 높아지고 있다.

1990년대의 문헌연구에 따르면, 신뢰는 교사와의 관계를 증진하고자 하는 교장의 능력에 달려있다. 이들 연구의 기본적인 인식은 교장의 행위가 학교 내 인간관계의 양상을 결정한다는 것이다. 몇몇 연구들에 의하면, 전문적 관계 또는 행정적 관계 영역에서 교사들은 교장의 행동에 대해 모종의 기대를 갖고 있는데, 교사들이 생각하는 신뢰는 바로 그 기대와 관련이 있다. 이와 같이, 교사들은 교장과의 신뢰 관계를 생각할 때 교장의 조직적 책임을 떠올리기보다는 교장과의 일대일 관계에 더 초점을 두는 경향이 있다. 교사들에게는, 학교가 어떻게 운영되는가 보다 교장이 교사들과 전문적 관계를 어떻게 맺고 있는가 하는 것이 더 중요한 것 같다. 신뢰의 정도와 교장-교사의 개인적 관계 사이에는 분명히 상관이 있다. 이 책의 여러 장에서 교장과 교사가 진술하는 바와 같이, 소통하고 지지하는 행위를 통하여 교사와의 일대일 관계를 구축하고 유지하는 것은 교장의 신뢰 증진 행위에서 가장 중요한 부분이다. 이러한 유형의 지도자 행위는 상식처럼 보이지만 실제 상황에서는 쉽게 발견되지는 않는다.

지도자 행위와 신뢰

현행 방침대로 학교 개선을 추구하려면 교장은 교사들의 헌신과 신뢰, 동기유발을 촉진할 방법을 찾아야 한다. 지도자로서 교장은 비공식적인 권위를 가져야 하며, 이러한 영향력을 갖기 위해 가장 중요한 것은 교직원의 신뢰를 이끌어내는 교장의 능력이다. 그렇다면 어떻게 해야 하는가? 교직원의 신뢰를 이끌어낼 수 있는 특별한 행위나 정책, 실천방안 등이 과연 존재하는가? 교장과 교사는 신뢰를 동일한 방식으로 인식하는가? 지도자가 되려면 관계 형성을 촉진하는 방식으로 행동할 필요가 있다.

정직하고 참된 지도자가 신뢰 풍토를 증진시킬 수 있다고 말하기는 쉽지만, 교사들은 하위 직급에 있고 권위를 두려워하곤 한다. 이러한 상황에서 지도하는 과정이라는 것은 다른 사람들의 행동에 영향을 주어 현재와 다른 방식으로 일을 처리하도록 동기를 부여하려는 시도인 셈이다. 결국, 지도자들의 행위는 신뢰와 친밀감보다는 권력과 불신에 근거를 두기 십상이다. 신뢰를 쌓는 것은 아주 간단하다고 가볍게 말하는 사람들이 종종 있지만, 교장과 교사들 간에 신뢰가 어떻게 형성되어 발전하는지를 정확하게 규정하고 설명하는 것은 중요한 문제이다. 이 책은 신뢰를 저해하는 교장의 행동보다는 신뢰를 증진시키는 교장의 행동에 초점을 둠으로써 신뢰 구축을 명시적 목표로 삼고자 하는 교장이나 학교지도자들에게 하나의 참고자료로 활용될 것이다. 이 책은 교장과 교사가 각각 인식하는 신뢰의 의미에 대하여 검토할 것이다.

학교 조직의 장으로서 교장은 아마도 신뢰 분위기를 형성하는 데 가장 중요한 사람일 것이다. 조직의 지도자로서 교장은 신뢰에 영향을 주는 요인들을 통제할 권한을 갖고 있기 때문에 신뢰 여건을 조성할 책임이 있다. 그러나 교장이 생각하는 신뢰 구축 행위와 교사들이 생각하는 신뢰 구축 행위는 일치하지 않을지도 모른다. 이러한 인식의 불일치는 '교장에 대한 교사의 신뢰'를 정의하는 방식의 차이와 관련이 있고, 그 신뢰를 촉진시키는 방식의 차이와도 관련이 있다.

교장과 교사들이 정의한 바에 의하면, 신뢰는 상황에 따라 조금씩 다른 의미를 지닌 것으로 보인다. 공립학교를 대상으로 하는 신뢰에 관한 체계적인 연구는 거의 없다. 많은 신뢰 모형이 모호하고 부정확한 경향이 있어 신뢰를 조사하는 것 자체에 문제가 많다. 이 책은 신뢰가 교장과 교사들에게 어떤 의미를 지니고 있는지를 각자의 고유한 학교 맥락 속에서 논의할 것이다. 각 학교의 고유한 상황을 고려하였지만 그럼에도 불구하고 교장과 교사들이 언급한 내용들은 "신뢰 강화기제(trust enhancer)"에 대한 실제적인 지식 기반을 제공할 것이며, 그 결과 독자들은 구체적인 지도자 행위의 덕목들을 확인하고 일반적인 학교에서 신뢰가 무엇을 의미하는지 이해하게 될 것이다.

교장-교사 간 신뢰관계의 증진

교장으로 재임한 지 3년이 되던 해에, 폴라(Paula)는 교실에서 실제로 무엇을 가르치고 배우는지에 대해 더 자세히 알고 싶었다. 그녀는 학기 중에 23명의 새로운 교사들을 여러 번 평가했다. 그러나 아직도 그녀가 근무하는 중학교에는 노조 계약 조건에 따라

이번 학년도에는 평가받지 않기로 되어 있는 20명의 교사가 더 있다. 폴라는 가능한 한 자주 학교 건물을 돌아다니긴 했으나, 그녀가 원하는 만큼의 시간을 교실 순회에 할애할 수는 없었다.

예전에 고등학교의 부장교사로 근무했던 폴라는, 2주에 한 번씩 교사들의 수업지도안을 수합하는 것이 교육과정과 교수법을 점검하는 하나의 방법이라는 것을 알고 있었다. 그래서 그녀는 학교운영위원회를 찾아 갔다. 자문집단인 학교운영위원회는 각 학년 부장교사, 학교 심리학자, 그리고 특수 교육과 예체능 교육의 대표자 등으로 구성되어 있다. 폴라는 수업지도안을 2주에 한 번씩 수합하자고 제안하면서 그 이유를 설명하였다. 위원회의 교사 대표들은 각 팀별 교사 회의에서 더 논의해보고, 그 결과를 다음 운영위원회 회의 전에 교장에게 알리겠다고 말하였다.

다음 운영위원회 회의에는 운영위원들 뿐만 아니라 10명의 교사들이 더 참석하였다. 폴라는 회의 의제를 미리 준비해 두었고, 수업지도안 수합에 대해 토의하게 되자 많은 교사들이 의견을 제시하였다. 몇몇 교사들은 지금까지 어떤 교장도 수업지도안을 살펴본 적이 없었다면서 수업지도안을 공유하는 것에 대해 흥분과 기대감을 표현하였다. 그들은 자신의 일을 교장과 공유할 수 있게 된 것에 대한 만족감을 나타냈다.

이와 반대로 미술교사는 우려를 표명하였다. "어떻게 당신이 나의 수업계획을 평가할 수 있습니까? 나의 수업지도안에는 특정한 형식이 없습니다. 가끔은 학생에게 가르칠 내용을 그림으로 표현하기도 합니다."라고 미술 교사는 말하였다. 그녀의 문제 제기는 노조 대표인 음악교사의 우려로 이어졌다. "나는 수업 계획을 작성하지 않습니다. 그렇게 한 적도 없었지만, 지금과 같은 수업 준비

방식을 바꿀 생각도 없습니다."라고 음악교사가 말하였다. 그러자 7학년 역사교사인 존이 "우리가 특정한 양식을 가지고 있어야 한다고 폴라가 말했던가요?"라고 물었다.

"그렇지 않습니다. 나는 세부적인 양식을 구체적으로 말하지 않았습니다. 단지 각 수업 또는 활동에서 다루고 있는 주(州)의 표준 교육과정은 기술되어 있었으면 좋겠다고 언급하였습니다." 폴라가 말하였다.

"아, 그거 좋군요."하고 8학년 문학교사인 루시가 말하였다. 그녀는 "그렇게 한다면 나 스스로도 문학 교육과정을 검토할 수 있겠네요."라고 덧붙였다.

음악 교사이자 노조대표인 베스가 이어 말했다. "난 그렇게 하고 싶지 않아요. 내 수업은 자연스럽게 이루어집니다. 나는 내가 준비한 것을 학생들이 하고 싶어 하지 않을 때 어떻게 해야 할지 잘 알고 있습니다. 나는 계획서에 작성한 대로만 수업을 이끌어 가고 싶지 않습니다."

"솔직하게 말해주어 고마워요, 베스." 폴라가 말하였다. "이것이 바로 이 안건을 다음 교직원 회의에 내놓기 전에 운영위원회 회의에서 먼저 논의하는 이유입니다. 여러분들의 의견을 이해합니다. 특히, 중학생들의 변덕스러움을 고려할 때 여러분들의 의견을 충분히 이해할 수 있습니다. 수업지도안을 직접 써 보는 것은 언제나 현명한 일입니다. 한 번 써 본 다음에는 수업지도안에 의존하지 않아도 됩니다. 제가 보려는 것은 잘 꾸며진 수업지도안이 아닙니다. 단지 수업목표, 그것을 위한 활동, 그리고 주(州)의 학업성취 표준과의 연계를 보려고 합니다. 여러분들이 줄을 긋든, 지우든, 여백에 글을 쓰든, 그런 것은 문제가 되지 않습니다." 폴라는 설명하였다.

“음, 더 생각해보겠어요. 하지만 만일 내가 수업 계획을 변경하게 된다면, 수업목표를 비롯한 모든 것들을 다시 써야 하지 않나요?” 베스가 불평했다. 그 노조대표는 “그런데, 폴라, 수업지도안을 우리를 평가하는 데 활용할 건가요? 만일 그렇다면, 그것은 노조와의 협상이 필요할 것입니다.” 라고 말하였다.

아니요, 나는 절대로 그럴 의도가 없어요, 베스. 내가 수업지도안을 수합하는 이유를 알잖아요.” 폴라가 말하였다. “베스, 당신이 제기한 다른 우려, 그러니까 만일 수업을 계획한대로 진행하지 않을 때에는, 2주 뒤 지도안을 수합할 때 수정본을 제출할 수 있도록 할게요. 그렇게 하지 않는 것이 좋겠지만, 일단 시작하기 위해서는 그렇게 하는 것도 괜찮을 것 같네요.”

2주 뒤 전체 교사 회의에서 폴라는 이 안건을 제시하였다. 이미 대부분의 교사들은 다른 교사들을 통해 폴라가 제시한 이 안건에 대해 알고 있었다. 비록 교사들이 일이 더 많아질 것이라고 느꼈지만, 대부분의 수학, 과학, 사회, 문학, 보건, 외국어 교사들이 폴라의 의견에 동의하였다. 미술, 음악, 체육 교사들은 반대하였다. 그들은 평소에 수업지도안을 작성하지 않는다고 주장하였다.

“이것이 여러분들에게는 새로운 일이라는 것을 이해합니다.”라고 폴라가 예체능 교사들에게 말하였다. “그러나 저는 여러분 각자의 수업지도안 양식을 그대로 인정하겠습니다. 일단 두 달 정도 시험삼아 해보고 결과가 어떤지 다시 논의하도록 합시다.”

“좋습니다.” 노조대표인 음악교사가 말하였다. “두 달 간 시도해보지요. 각자 네 개의 수업지도안이 수합되겠군요.”

중학교 교장을 3년째 역임하고 있는 폴라의 경우는 초등학교 교장이 된 지 몇 달 밖에 안 되는 진의 경우와 다르다. 폴라는 교장이 된 첫 해 몇 달간은 전혀 새로운 것을 시도하지 않아야 함을 알고 있었던 것 같다. 왜 폴라는 알고 진은 몰랐을까? 폴라는 교사들, 특히 음악교사나 미술교사에게 더 많은 업무를 부과하였다. 그들은 평소에 수업지도안을 작성하지 않았다. 폴라도 그 점을 알고 있었지만, 그녀는 새로운 실천을 시행할 방법을 찾아냈다. 교사들의 협력을 얻어내기 위하여 그녀는 어떻게 행동하였는가?

교장과 교사 간 신뢰관계를 구축하는 데 장애요인은 무엇인가? 교장의 어떤 행동이 교장에 대한 교직원의 신뢰를 이끌어 내는가? 이 책은 이 두 가지 질문에 대한 교장과 교사의 인식을 검토한다. 신뢰와 관계 구축에 대해 실천가들이 하는 말을 듣게 되면, 현직 또는 예비 교장들은 교사들과 확고한 신뢰 관계를 형성할 수 있는 행동, 실천, 정책들을 구상하게 될 것이다.

왜 학교에서 신뢰가 중요한가?

신뢰에 관한 이 책의 모든 논의는, 신뢰라는 개념이 중요하게 여겨지는 특정한 학교 상황이 아니라면 무의미하게 보일지 모른다. 어떤 교장들은 신뢰가 전혀 없는 학교에 부임할 수도 있다. 그들은 학교 분위기가 매우 차가우며 직원들이 의심이 많고 부정적이라고 느낄 수 있다. 이러한 학교의 지도자들은 교직원들과 함께 일할 수 있도록 안내해주는 자료들이 필요하다. 그들은 시험 성적을 높이려면 교사들이 교수방법을 수정할 필요가 있다는 것을 알고 있다. 그렇다면 어떻게 교사들에게 동기를 부여하여 그들의 교수방법 목록을 확대하게 만들 것인가?

실제로 이와 같이 생각하는 교장들을 비롯하여 이 장의 다른 곳에서 언급되고 있는 교장들이 우리 주위에는 매우 많다. 이들 학교 지도자가 원하는 것은 민주적인 학교 운영을 위하여 변화를 끌어내고, 학교를 재구조화하거나 개선하고, 정책을 실행하고, 기대수준을 높이고, 학습자 공동체를 구축하고, 학생성취도에 관한 아이디어를 공유하면서 협력하는 팀 정신을 구축하고, 공동의 목표를 추구하고, 좋은 장학을 위한 효과적인 의사소통 채널을 유지하고, 교사와 교장이 전문적으로 성장하고, 관계 구축을 통하여 학생들을 위한 단합된 노력을 전개해 나가는 것이다. 이들 학교 지도자들은 교직원들이 그들을 신뢰할 수 있게 하는 여건을 조성하고 싶어 한다. 교장과 행정가들은 학교의 최대한의 이익을 위해 자신들이 노력하고 있다는 점을 교사들이 이해하길 원하고, 어떻게 교사들로부터 신뢰를 얻어야 하는지 알고 싶어 한다. 교사, 부장교사, 교장, 연구자로서의 경험에 비추어 볼 때, 나는 학교에서의 상호 신뢰가 교장의 행위에 달려있다고 믿는다.

2장에서는 학교에서의 신뢰의 의미에 대해 논의한다. 이러한 논의는 공립학교 교사와 교장의 인식을 중심으로 전개될 것이다. 나는 학교에서의 상호 신뢰라는 개념에 대해 상이한 점과 공통된 점을 기술할 것이다. 신뢰의 의미를 검토할 때에는 교장과 교사들이 속한 개별 학교 상황이 고려될 것이다.

제 2 장

신뢰에 대한 교장·교사의 인식

명랑중학교
핸디중학교
서부중학교
신뢰의 공통 요소

제 2 장
신뢰에 대한 교장·교사의 인식

내가 신뢰 구축 과정에 관심을 갖게 된 것은 교장으로 재임하던 중이다. 신뢰 구축에 관한 나의 경험과 생각을 확인하기 위하여 나는 공립 중학교 세 곳을 방문하여 그곳 교장, 교사들과 신뢰에 관하여 대화를 나누었다. 각 학교에서 교장과는 개별적인 면담을 하였고 교사들과는 소규모 집단 면담을 실시하였다. 면담 결과, 신뢰의 의미는 학교 상황에 따라 조금씩 달랐다. 그러나 공통되는 요소도 나타났는데, 나중에 이 부분을 교장과 교사 각각의 관점에 따라 범주화하였다. 신뢰에 관한 교장·교사의 인식을 학교 맥락 속에서 이해하기 위하여, 이하에서는 각 학교와 교장에 대하여 설명하겠다.

명랑중학교(Cheerful Middle School)

1973년에 설립된 명랑중학교는 최근에 새롭게 단장을 하였는데, 하얀색의 새 얼룩무늬 바닥, 밝은 파란색으로 칠한 깨끗한 벽, 곳곳에 깔린 새 카페트, 오십만 달러 상당의 최신 기자재 등이 눈에 띈다. 학교 건물 어디에서도 더 이상 낙서를 찾아볼 수 없다. 건물 입구에는 현수막이 걸려있다. 현수막에는 "나의 조국, 나의 유산"이라고 적혀 있다. 각 교실에는 아침 방송을 중계할 수 있도록 TV 모니터가 설치되어 있다. 10번 채널에서는 학교의 하루일과가 방영되고, 그 내용은 직원이 매일 업데이트한다. 건물 내 복도 곳곳에 설치되어 있는 TV 모니터는 학교의 일상을 보여주고 있다. 19번 채널은 교사들이 특수기술장비실을 통하여 영상 수업을 진행하도록 배정되어 있다. 특수기술장비실에는 4개의 비디오 녹화장치가 설치되어 있고 그 장치는 학교 전체 모니터와 연결되어 있다. 지역 주민들이 기술에 대한 열의가 높고 교장 역시 컴퓨터와 비디오를 활용한 교육에 관심이 많아서 그런지 명랑중학교의 모든 교실은 인터넷 접속이 가능하다.

화려한 3층짜리 벽돌 건물의 명랑중학교는 주 고속도로에서 5마일 정도 떨어진 주거지의 도로변에 위치하고 있다. 도로 부근에는 컨트리클럽이 있다. 학교는 긴 진입로, 넉넉한 교직원 주차 공간, 넓은 잔디밭을 갖추고 있으며, 이 때문에 도로에서 멀리 떨어져있다.

현재 명랑중학교에는 6학년부터 8학년까지 714명의 학생들이 공부하고 있다. 교사는 55명이다. 메사추세츠 교육청의 보고에 따르면, 명랑중학교 학생의 90%는 백인이며 모든 학생들은 영어를 사용하는 데 어려움이 없다.

명랑중학교의 교장인 브래드는 건장하고 키가 크며 갈색 머리의 품위 있는 중년 남성이다. 그는 보통 하얀 셔츠 위에 양복 상의를 입고 아동보호기금(Save the Children)에서 홍보용으로 만든 넥타이를 매고 있다. 감각적인 연한 갈색의 고무창을 댄 그의 구두는 어두운 갈색 끈으로 느슨하게 묶여있다. 한쪽 머리카락은 단정하게 빗었으나 반대편은 헝클어져있다.

교육학 박사인 브래드는 중학교 교장과 기술담당 장학사를 역임하였으며, 2년 6개월 전 명랑중학교의 교장으로 부임하였다. 그는 자신이 기술에 관심이 많으며, 따라서 기술 설비에 예산이 배정되어 있는 이 학교에 부임하게 되어 매우 기쁘다고 말하였다. 그는 명랑중학교가 이 지역에서 전자통신을 이용하여 일상 업무를 진행하는 유일한 학교라고 덧붙였다. 브래드는 학교 소식지를 비롯한 모든 전달사항을 인터넷을 통하여 보낸다 아직 인터넷 설비가 갖추어지지 않은 가정을 고려하여, 두 달에 한 번씩은 소식지를 책자로도 발행한다. 교사에게 보내는 메시지는 모두 이메일을 통하여 전달된다.

1993년 브래드는 전국중등학교교장협의회의 한 지부에서 올해의 교장으로 선정되기도 하였다. 이 영광을 기념하는 트로피가 벽돌로 된 작고 길쭉한 교장실에 장식용으로 세워져 있다. 교장실이 건물 입구 가까이에 있어서 브래드는 학교를 드나드는 사람들을 모두 볼 수 있다.

명랑중학교를 처음 방문하였을 때 브래드는 직접 학교를 안내해주었다. 학교를 둘러보는 동안, 몇몇 교사들과 학생들이 브래드를 보고 다가와서 반갑게 인사를 나누는 것을 보았다. 이들은 학교에서 있었던 일, 개인적인 이야기 등에 관해 대화를 나누었다. 대부분의 교실 문은 열려 있었고, 브래드는 교실에 자유롭게 들어갈 수 있었다. 아무도 브래드가 교실에 드나드는 것을 개의치 않았고, 한두 명의 교사는 수업이 어떻게 진행되고 있었는지 직접 알려주기도 하였다. 또 서너 명의 학생들은 브래드에게 인사를 하기도 하였다. 컴퓨터 수업 시간에 학생들은 주(州)의 지정 시험인 메사추세츠 종합평가(Massachusettes Comprehensive Assessment System, MCAS)에서 최근에 얻은 점수를 입력하고 있었다. 3년 전 브래드가 이 학교 교장으로 온 이후, 학교의 성적은 향상되고 있다. 컴퓨터 수업 시간에 학생들이 만든 화려한 엑셀시트를 보면서 학교 정문에 걸린 커다란 자료 차트가 연상되었는데, 그 차트에는 최근 급격히 향상되고 있는 명랑중학교의 시험 성적과 학교 순위가 그려져 있었다.

신뢰에 대한 명랑중학교 교장의 인식

❖ 진실함(Authenticity)

나에게 상호 신뢰에 대해 정의하라고 하면, 교직원들 사이에 존재하는 인식라고 말하겠어요. 그러니까, 교장인 내가 교육자로서 혹은 중학교 교장으로서 어떤 사람인지, 나의 목표가 무엇인지, 교직원들에 대한 나의 기대가 무엇인지를 분명하게 표현하는 동시에, 내가 믿는다고 말한 것이나 내가 사람들에게 기대한다고 말한 것, 그리고 내가 끝까지 해내겠다고 말한 것들을 그대로 따르고 행하는 것이라고 말할 수 있지요." 여기에 덧붙여 브래드는 진실함, 정직, 직관을 신뢰의 하위 차원으로 언급하였다. 그는 이러한 차원들을 다음과 같은 예를 들어 설명하였다. "만일 내가 의사소통을 잘 하는 것이 중요하다고 말하였다면, 나는 내가 말한 것을 실천하고 내가 할 수 있는 한 가장 효과적으로 의사소통할 것이며 교직원들도 그렇게 해주기를 기대할 것입니다... 그러니까 신뢰라는 것은, 당신은 있는 그대로의 모습과 일치하는 사람이며 말한 바를 실천하는 사람이라고 다른 사람들이 믿어주는 것입니다."

브래드는 어떤 교사들이 자신을 신뢰하는지 파악하기 위하여 자신의 직관을 사용한다고 말하였다. 그에 의하면, 어떤 교사가 "자신의 업무 이상을 해내고" 있다면 그 교사는 교장을 신뢰한다고 가정할 수 있다.

❖ 태도(Attitude)

브래드는, "교사들에게 무언가를 요구"하였을 때 그들이 보여주는 "긍정적인 방식"에 주목하였다. 이러한 긍정적인 교사 태도야말로 교장과 교사의 신뢰 관계를 나타내는 지표라는 것이 그의 주장이다. "나는 모든 교직원들에 대해 기본적인 신뢰를 갖고 있다고 생각합니다. 제 생각의 출발점은 이런 것입니다. 즉, '여러분이 교직에 종사하길 원하며 각자가 전문가이기 때문에 저는 부정적인 측면에 대해 생각하지 않습니다.'라는 것이지요."하고 그는 분명하게 말하였다. 브래드의 말은 교장으로서 자기도 역시 교사들을 대할 때 긍정적인 태도를 유지한다는 것이다.

신뢰에 대한 명랑중학교 교사들의 인식

❖ 정직(Authenticity)

내가 만난 명랑중학교 교사들은, 교장과 교사 간의 신뢰는 브래드가 그들에게 정직하고 그들이 브래드에게 정직하다는 것을 의미한다고 강하게 믿고 있었다. "나는 정직이 중요한 부분이라고 생각합니다. 물론 나는 정직한 편이며, 다른 교사들이나 교장선생님도 정직하기를 기대합니다. 이것은 업무 관계에 있어서 흔히 발생하는 일입니다." 교사들은 신뢰를 정의하는 데 있어서 '말과 행동이 다르지 않는 즉, 일을 끝까지 해내는 것(follow-through)'이야말로 정직의 일부로서 중요하다고 믿고 있었다. "말한 것은 끝까지 해내는 그런 의미의 정직에 대해 교장이 어떻게 반응하는가에 따라 신뢰관계가 구축되기도 하고 구축되지 않기도 합니다."라고 몇몇 교사들이 말하였다. 교사들은 브래드가 그러한 실천을 계속해주기를 기대한다고 하였다. 브래드의 언행일치는 교사가 그를 신뢰하고 그가 교사를 신뢰한다는 표시인 셈이다. 이러한 견해는 교사들이 상호 관여(mutual involvement)라고 표현한 아이디어와 맞닿아 있다. "신뢰의 한 부분으로써 내가 말하고자 하는 세 번째 요소는 상호 관여입니다. 브래드가 요구하면 나는 기꺼이 따를 것이며, 내가 요구하면 브래드 역시 기꺼이 도와줄 것입니다."라고 한 교사가 말하였다.

❖ 지지(support)

신뢰의 정의에 대해 명랑중학교 교사들이 공통으로 생각하는 또 다른 한 가지는 비밀 유지이다. 이 점에 대해 한 교사는 다음과 같이 표현하였다. "만일 내가 어떤 문제에 대해 브래드와 이야기를 나눈다면, 그것이 사적인 문제이든 교실에서의 문제이든 동료 간의 문제이든 관계없이, 브래드는 비밀을 철저하게 유지하면서 이 문제를 처리할 것이라고 믿습니다." 어떤 여교사는 학교에서 자신이 하는 "일에 대한 지지와 인정을 원한다."라고 말하였다. 그녀에 의하면, 그러한 인정이 곧 신뢰를 의미한다. 또 다른 교사는 "교사에 대한, 학교목표에 대한, 학생에 대한 교장의 관심"이 교장-교사

간 신뢰를 구축하는 데 중요하다고 말하였다. 이러한 견해를 좀 더 확장하여 어떤 교사는 다음과 같이 설명하였다. "우리 교장은 자신이 어떤 문제에 대해서 전문지식을 가지고 있지 않을 때 다른 사람들에게 관련 정보를 물어봅니다. 그는 그 분야의 전문가들에게 의견을 듣는데, 저는 그 점을 매우 높이 평가합니다. 교장은 그 분야의 전문가들의 의견을 신뢰합니다. 교장은 교직원을 신뢰하고 또 그럴만한 근거를 갖고 있기 때문에 교직원의 입장을 충분히 지지합니다."

또 다른 교사는 "신뢰가 존중을 낳고 존중이 교장과 교사 간의 신뢰를 구축한다."라는 점에서, 존중이야말로 신뢰의 한 구성요소이며 지지의 한 부분이라고 덧붙였다. 이러한 의견에 따르면, 지지라는 관점에서 본 신뢰의 마지막 요소는 교장이 모든 교사를 동등하게 대한다는 의미의 공정성이다. "브래드로부터 당신이 원하는 것을 항상 얻을 수는 없습니다. 그러나 문제들은 적절하게 처리되며, 모든 것이 모든 사람에게 동등합니다. 편애는 없습니다."라고 어떤 교사가 말하였다.

명랑중학교 교장과 교사들이 인식하는 신뢰는 관계를 발전시키고 유지한다는 최종 목표 하에 상호간 정직하고 진실하며 소통하고 지지하는 것이었다. 명랑중학교 교사들은 비밀 유지가 상호 신뢰의 지원적 측면의 한 요소라고 생각하였다.

핸디중학교(Handy Middle School)

핸디중학교는 고속도로 출구에서 사유지 진입로를 지나 몇 분

거리에, 반 시골풍의 조용하고 구불구불한 길 뒤쪽에 있는 화려한 2층짜리 벽돌건물이다. 페인트칠 된 식민지 풍의 하얀 기둥에는 흑백 글씨로 새겨진 나무로 된 학교 명패가 붙어 있다. 학교 명패는 식민지 시대 시골풍 양식으로 되어 있는 주변의 집들과 스타일이 비슷하다. 그 지역의 시골 분위기와 잘 어울리게도, 학교 옆에는 탁 트인 넓은 공간과 운동장이 있다. 거리에는 1860-70년대에 지어진 농장가옥과 새로 지은 저택들이 있다. 집들은 서로 꽤 떨어져 있어서, 농장과 새 저택을 경계 짓는 울타리들 사이에는 말들이 돌아다닐 정도의 널찍한 공간이 있다.

밖에서 보면, 몇몇 교실 창문이 화려한 눈송이 장식으로 덮여있다. 학교 정문에는 "성공... 선택하라"라고 쓰여 있는 현수막이 걸려있다. 정문이 넓어, 그곳에서 학생들은 그들을 데리러오는 부모를 기다리거나 수업 중간 중간에 모여 있거나 버스를 기다린다. 건물 입구는 겨울에 학생들의 신발이나 부츠에 묻은 눈이나 우박을 털 수 있도록 돌로 만들어져 있다. 입구 이외의 모든 건물 바닥은 명랑중학교와 비슷하게 짙은 녹색 비닐 타일이 점점이 박힌 하얀색 리놀륨으로 되어 있다. 학교 건물은 수리가 막 끝난 상태로, 공사가 아직 완료되지는 않았다.

교장실은 학교 현관 출입구 근처에 있다. 교장실 옆에는 새로 지은 교감실이 있다. 두 사무실 모두 밝고 화려한 민트 색으로 칠해져 있고 학교 정면 쪽으로 창문이 나 있다.

핸디중학교는 5학년부터 8학년까지 850명의 학생이 있고, 정교사, 기간제 교사, 전문가들을 모두 합해 77명의 교직원이 있다. 메사추세츠 교육청 통계에 따르면, 이 학교 학생의 98.9%가 백인 학생이며, 영어 사용에 어려움이 있는 학생은 없다. 학교 내 모든 교실에서 인터넷 사용이 가능하다. 교장은 교무실의 컴퓨터가 교실과 연결되어 있지 않기 때문에 인트라넷은 의미가 없다고 말하였다.

나무랄 데 없이 몸단장을 하고, 잘 차려입은 핸디중학교 교장 토니는 7년 반 동안 이 학교 교장으로 근무하고 있다. 토니와 함께 학교를 돌아보는 동안 몇몇 교실 문이 열려 있었고, 토니는 교실로 들어가서 짧은 대화를 나누었다. 수업 후 쉬는 시간 동안 몇몇 교사들은 복도에 서 있었다. 그들 중 서너 명은 토니가 매우 훌륭한 교장이며 학교에는 신뢰가 넘친다고 말하였다. 미술과 음악 수업 시간에 학생들은 교사와 다른 학생들과 상호작용하면서 매우 즐거워하는 것 같았다. 학생들은 소그룹으로 모여서 협동 프로젝트를 수행하였다. 토니는 미술교사와 음악교사를 칭찬하였다.

토니는 학교 건물 공사를 진행하면서 받은 스트레스에 대해 나에게 이야기하였다. 그는 올 9월에 정전이 된 적이 있고 이는 건물 내 전기 관련 문제를 야기하였다고 말하였다. 또한 그는 공사를 하는 동안 공기가 안 좋아서 문제가 되었으며 교사들이 자기를 신뢰하는 정도가 공사 이전과는 달라진 것 같다고 말하였다.

신뢰에 대한 핸디중학교 교장의 인식

❖ 곁에 있음

토니의 말에 의하면, 신뢰는 교사들이 필요로 할 때 언제나 곁에 있음으로써 교사들과의 관계를 발전시키고 유지하는 것을 의미한다. 토니는 자신이 교사들과의 신뢰관계를 어떻게 발전시켰는지에 대해 설명하였다. "교사들은 복도에서, 아침에, 점심시간에 나를 봅니다. 나는 비공식적인 대화를 많이 하려고 하는 편입니다. 나는 매일 교실에 갑니다. 교사들은 수업시간에 내가 교실에 있는 것에 대해서 매우 편안하게 생각합니다... 나를 자주 볼수록, 신뢰는 더욱 쌓입니다."라고 그는 말하였다.

토니가 보기에는, 교장실이 아니라 학교 주변 어디에서든 그를 볼 수 있게 하는 것이 신뢰 관계를 구축하는 한 요소이다. 신뢰는 또한 정직을 의미한다. 그는 건물 어디에서 만나든지 간에, 교사들을 볼 때마다 학교 문제에 대해서 대화하려고 노력한다고 말하였다. "교사들은 내가 줄곧 학교 건물을 돌아다니고 있다는 것을 알고 있습니다. 나는 많은 시간, 학교 건물을 돌아다니고 있기 때문에 대화를 나누기 위한 상징적인 장소는 없습니다." 토니의 말은 신뢰란 교사들의 눈에 그가 보이도록 하는 것, 그로 인해 그가 교사들을 위해 곁에 있음을 확인시켜주는 것을 의미한다.

❖ 정직(Authenticity)

그와 교사들 간의 신뢰가 무엇을 의미하는지 물었을 때, 토니는, "글쎄요, 나는 신뢰가 교사들에게 정직한가의 문제라고 생각합니다. 또한 신뢰는 교사들이 걱정하는 특정 문제들을 끝까지 해결해주는 것도 포함한다고 말하겠습니다."라고 대답하였다. 그는 또, "학교교육에서 궁극적인 신뢰는 교장들 역시 처음에는 교사였기에 그들도 가르칠 수 있고 그들이 말한 것은 실천할 것이라는 사실을 교사들이 인정하는 것입니다."라고 덧붙였다.

토니는 자신이 열심히 일하는 것을 교사들이 보고, 자신이 "교사들을 위해 열심히 일하고 있다"는 사실을 교사들이 알 수 있게 하는 것이 중요하다고 강조하였다. 또한, 그는 자신이 교사의 역할을 하고 있다는 것을 교사들이 볼 수 있게 하는 것이 얼마나 중요한지를 강조하였다. 교사가 하는 일의 본질을 이해하고 있는 교장은 교사들이 믿을 수 있는 사람이 된다.

토니는 교직원들에게 그의 약점을 숨기지 않았다. "나는 전체를 구상하는 성향이 있어서 세부사항에 대해서는 보좌할 사람을 찾는 편입니다. 따라서 모든 사람들을 위한 구체적인 사항에 대해서는 자신이 없습니다. 그래서 나는 거시적으로 접근하는 편이며, 목표를 세우는 것을 좋아합니다. 마스터플랜은 있지만 세부내용이 부족하기 때문에 나는 얻을 수 있다면 모든 도움을 원합니다. 나는 이런 문제를 가지고 매일매일 노력합니다. 사람들도 이러한 사실을 알고 있습니다. 그래서 가끔 나는, 내가 나 자신에 대해 알고 있다는 사실이 신뢰에 영향을 준다고 생각합니다." 토니는 스스로의 강점과 약점을 인정하면서 그렇게 말하였다.

❖ 소통

토니는 정직하고 열린 대화를 그와 교사들 간 신뢰의 한 차원으로 개념화하였다. "나는 여름 내내 일대일로 교사들과 인터뷰하면서 이 학교에서의 업무를 시작하였습니다... 나는 교사들과 비공식적인 대화를 계속 합니다. 내가 이 학교에 도입한 것이 있다면 그것은 중요한 이슈에 대한 비공식적 대화일 것입니다."라고 그가 말하였다. 그는 "이것이 신뢰가 의미하는 한 부분입니다."라고 덧붙였다.

토니는 또 "중요한 것은 내가 하는 일과 관련해서 대화를 나눌 때 내가 정직하고 열려있다는 점, 그리고 기회가 있을 때마다 나는 교사들과 일대일로 그 일에 대해 비공식적으로 대화한다는 점입니다."라고 말하였다. 인터뷰가 계속 진행되면서 토니는 교사들이 원할 때는 언제든지 교사들과 만날 수 있도록 노력한다고 말하였다.

신뢰 구축 과정에서 교사들과 일대일 관계를 갖는 것이 얼마나 중요한지에 관해서 설명할 때, 토니는 좀 더 진지한 자세로 이야기하였다. 신뢰 관계는 많은 부분 교장의 업무에 대해서 소통하는 것, 교직원들과 개별적으로 친숙해지는 것에 달려있다고 그는 말하였다. 7년 반 전, 토니의 첫 업무 계획은 교사들 각각에 대해 알 수 있고 교사들도 그에 대해 알 수 있도록 교사들과 일대일 인터뷰를 하는 것이었다.

신뢰에 대한 핸디중학교 교사들의 인식

❖ 정직(Authenticity)

"신뢰관계에 대해서 말하자면, 그것은 직관적인 것, 그러니까 누군가가 우리를 항상 감시하고 있다고 느끼지 않는 것이라고 생각합니다." 나와 이야기를 나눈 이 교사는 토니가 자신을 신뢰하고 있다고 생각하였다.

"교장과 교사 간에 신뢰를 쌓기 위해서는 교장이 자기 자신을 신뢰할 필요가 있다고 생각합니다."라고 핸디 중학교 교사들이 말하였다. 교사들은 교장이 교사들을 신뢰해도 된다고 직관적으로 느끼기 때문에 자신이 고용한 교사들을 신뢰한다고 생각하였다.

"우리 교장 선생님은 열려있고 정직합니다. 그것이 그의 스타일입니다. 그는 우리에게 자신의 약점을 인정합니다. 예를 들어, 그는 본인이 세부적인 일을 잘하지 못한다는 것을 알고 있기 때문에 무언가 해야 한다고 교사들로부터 여러 번 지적받는 것을 꺼려하지 않습니다."라고 교사들은 말하였다. 그들이 생각하는 정직함은 상호간 신뢰의 한 차원이었다.

❖ 소통

한 경력교사는 교사와 교장간의 신뢰가 어떤 것인지 설명하였다. "토니가 처음 이 학교에 부임하였을 때 학기가 시작되기 전에, 그는 모든 교직원들을 한 사람 한 사람 만나는 일에 시간을 할애하였습니다. 이 만남은 매우 짧은 시간 동안 이루어졌습니다. 그는 기본적으로 우리 생각을 알고자 하였습니다.... 그리고 내 생각에는 교장 선생님이 우리를 어떤 지점으로 이끌고 가기 전에, 우리가 어떠하였고 어떻게 해 왔는지에 대해 알고 싶어 했던 것 같습니다." 교장이 교사들에 대해서 알 수 있고 교사들도 교장에 대해서 알 수 있는 기회를 가졌다는 점에서, 교사들은 그 때의 일대일 대화를 신뢰가 의미하는 한 부분이라고 간주하였다. 핸디중학교 교사들은 토니가 그들의 교실을 방문하고 학교 복도를 돌아다니는 것을 긍정적으로 생각하였다. 그들은 이러한 방법으로 교장이 자주 교사들과 비공식적으로 일대일 대화를 나눈다고 믿었다. 교사들에 의하면, 토니는 "머리를 맞대고 문제를 해결합니다. 그는 우리를 불러서 특정 문제에 대해 이야기하고, 몇몇 결정과정에 있어서는 우리 교사들과 함께 하기도 합니다. 그는 평등하게 일합니다. 우리 교장선생님은 문제를 공개하고 우리가 함께 어떻게 해결해 나갈 수 있을지 논의합니다."

"이 학교에 온 후, 토니는 교직원에 대한 기대를 명확히 표현하였습니다."라고 교사들은 말하였다. 한 교사는, "나는 우리가 신뢰

관계에 있다는 것을 알고 있습니다. 토니는 이 점을 분명히 하였습니다."라고 말하였다. 다른 교사는 토니가 "이것이 바로 내가 교직원을 대하는 방식입니다. 나는 여러분들이 매 순간 무슨 일을 하고 있는지 여러분들 어깨 너머로 감시하지 않습니다. 여러분들은 모두 전문성을 갖추고 있습니다. 나는 여러분들을 전문가로서 고용하였고 여러분들은 전문가입니다."라고 말하였던 것을 기억하였다. 교사들은 교장이 그들을 전문가로서 신뢰하고 있다는 사실을 명확히 밝힌 것에 대해 기뻐하였다. 교장은 언제 교사들이 "잘" 했는지 교사들에게 말해주었다.

❖ 지지

핸디중학교의 또 다른 교사가 말하였다. "무엇보다도, 신뢰는 구축되어야 한다고 생각합니다. 이 부분에 대해서는 이견이 없을 것이라고 생각합니다. 그러나 기본적으로 신뢰가 존재한다면, 이는 우리가 하기로 되어 있는 일이 진행되고 있다는 사실에 대해 서로 확신하고 있음을 의미합니다. 말하자면, 우리는 다른 사람의 어깨 너머로 감시를 할 필요가 없습니다. 모두가 어떤 일을 해야 하는지에 대해 동의하고 있고 이 일들을 문제없이 해 내고 있기 때문에 모든 일은 순조롭게 진행됩니다. 그러므로 이 모든 일은 예측이 가능합니다. 우리는 교장으로서의 역할은 물론이거니와, 한 사람으로서 교장 선생님에게 믿음을 가져야 합니다. 사람에 대한 신뢰가 없다면, 역할에 대해 신뢰하기는 더욱 어렵다고 생각합니다.... 즉 신뢰란, 일이 가야하는 방향으로 갈 것이라는 믿음이며 확신입니다."

다른 교사는 상호간의 신뢰에 대해 더 구체적으로 이야기하였다. "우리 교장은 우리를 어깨너머로 감시하지 않습니다. 그는 우리가 능력이 있다고 생각하였기 때문에 우리를 고용하였습니다. 그는 우리에게 우리 스스로 일할 여유를 주었고, 우리는 이것이 신뢰라는 것을 알고 있습니다."

교사들은 그들과 교장간의 신뢰를 교장이 교사들에 대한 비밀을 유지하고 교사들을 존중하는 능력과 연결시켰다. "나는 다른 사람들과의 신뢰와 교장과의 신뢰를 같은 방식으로 정의합니다. 다시 말해서, 만일 내가 누군가와 무언가를 공유하고 있을 때, 나는 비밀이 유지되기를 기대하며 그것이 다른 사람과 공유되는 것을 꺼려할 것입니다.... 솔직히 나는 그를 정말 신뢰합니다. 무조건 믿습니다. 그리고 나는 그의 판단을 신뢰하는데, 그것은 신뢰와 같이 가는 것이라고 생각합니다. 판단과 신뢰는 함께 가는 것이고 따라서 누군가를 신뢰하기 위해서는 먼저 그에 대해 알아야 한다고 생각합니다. 우리는 누군가를 맹목적으로 신뢰할 수는 없습니다. 우리 교장선생님은 우리를 전문가로서 뿐만 아니라 개인적으로도 알 수 있도록 시간을 가졌습니다. 이 때문에 그는 교직원에 대한 믿음이 있습니다."라고 한 교사가 말하였다. 이 학교에 새로 온 교사도 덧붙였다. "교장 선생님은 처음에 나에게, 본인은 교실에서 수행하기로 되어 있는 일들을 잘 해낼 수 있다고 신뢰하는 전문가들만을 고용한다는 점을 확실히 하였습니다. 그래서 그는 우리를 감시하는 관계에 있지 않고, 그는 우리를 존중합니다." 다른 교사도 "맞습니다."라며 끼어들었다. "확신은 많은 부분 신뢰의 의미와 닿아 있습니다. 그는 나에 대한 확신이 있습니다. 나는 그에 대한 확신이 있습니다. 내가 아는 한, 만일 내가 학부모와 어떤 문제 생긴다면 그는 100% 나를 지지할 것이며, 이것이 바로 신뢰입니다."

핸디중학교 교장과 교사들의 관점에서 신뢰는 교장이 진실함을 유지하고, 교사들을 지지하며, 교사들과 소통함으로써 교사들과의 관계를 발전시키고 유지할 수 있도록 하는 것을 의미하였다. 교사들에게 있어서 신뢰는 교장이 그들의 전문성을 존중하고 그들의 비밀을 지켜줌으로써 교사들을 지지하는 것을 의미하였다.

서부중학교 (Western Middle School)

서부중학교는 번화가에 위치하고 있다. 맞은편에는 아이티 감리교회, 이탈리아 음식점, 보험 회사, 안마시술소, 그리고 1890년에 지어진 소방서가 있다. 학교에서 한 블록 떨어진 곳에는 중국 음식점도 있다. 서부중학교는 1923년에 지어졌으며, 체육관을 비롯한 부속건물은 1976년에 지어졌다. 학교 주변에는 아이들이 놀 만한 장소가 전혀 없다. 학교건물 주변의 여유 공간이라고는 주차장으로 활용하기에는 적합하지 않은, 작고 포장되지 않은 교직원 주차장이 전부이다. 서부중학교는 벽돌건물에 슬레이트 지붕으로 된 3층 건물이다.

번화가 쪽에 위치한 학교 정문은 잠겨있고, 학교로의 출입은 제한된다. 과거에 정문은 큰 쌍여닫이문이 여러 겹 있어 웅장하였다. 현재는 외여닫이문으로 되어 있으며, 거리 쪽으로 나 있어 작은 2층짜리 가정집들과 맞닿아있다. 학교에 출입하기 위해서 방문객들은 벨을 누르고 본 건물과 연결된 인터폰으로 본인의 신분을 밝혀야 한다. 비서가 신분을 확인한 뒤 열림 버튼을 누르면 문이 자동으로 열린다.

학교는 깨끗하고 낙서는 찾아볼 수 없다. 학교는 구석구석 공간을 잘 활용하고 있다. 심지어 시간제로 근무하는 학교 심리학자는 계단 아래 공간의 작은 방에서 근무한다. 서부중학교는 학생 수는 6학년부터 8학년까지 총 380명이며, 정교사, 기간제 교사, 조교를 포함한 교직원은 총 67명이다.

메사추세츠 교육청 통계에 따르면, 서부중학교 학생은 흑인 10%, 아시아인 6%, 라틴 아메리카인 10%, 백인 74%로 구성되어있다. 이러한 수치에도 불구하고, 영어 사용에 어려움이 있는 학생은 한 명도 없다. 서부중학교는 71%의 교실에서 인터넷을 사용할 수 있으나, 학교 건물 내 컴퓨터끼리 연결되어 있지는 않다.

서부중학교 교장 네이튼의 말에 의하면, 서부 지역에 약 600-700명의 학생을 수용할 만한 새로운 중학교가 지어질 것이며, 따라서 비슷한 규모의 중학교가 두 개가 될 것이다. 현재, 도심에 지어진 그 중학교는 서부중학교보다 규모가 크다. 이는 서부중학교의 경우 더 이상 규모를 크게 할 만한 공간이 없기 때문이다.

네이튼은 보통 키에 백발이며 파란 눈을 지녔다. 네이튼은 잘 다려진 밝은 파란색 셔츠에 넥타이를 매고 자켓을 입었다. 셔츠의 맨 위 단추, 즉 넥타이를 맨 부분의 단추는 열려있다. 학교 건물을 돌아볼 때, 네이튼은 자기 학교에 대해 자랑스럽게 여기는 것 같았다. 학교 건물을 돌아보는 중, 몇몇 교사들과 전문적인 대화를 나누었는데 그 때마다 그는 미소 짓고 있었다. 한 교사는 네이튼에게 자신이 담당하고 있는 6학년 학생들이 무엇을 쓰고 있는지 보여주겠다며 자기 교실을 방문해 달라고 하였다. 옆에 있던 교사도 교장에게 인사하며 자기 교실을 방문해달라고 말하였는데, 그 둘은 한 팀에서 일하고 있다. 교실은 작았고 6학년 학생 16명이 공부하고 있었다. 네이튼은 학교 건물이 오래되었고 교실이 작기 때문에 학급 규모가 작을 수밖에 없다고 설명하였다.

네이튼이 식당에 들어갔을 때, 식당에서 일하는 직원이 네이튼을 보고 반가워하였다. 네이튼이 계단을 올라가려고 할 때, 공예 교사가 그에게 프로젝트 준비를 위해서 삼각대와 비디오 녹화장치를 사용해도 되는지 물었다. 네이튼이 허락하였다. 3층 건물을 돌면서, 네이튼은 아무 교실에나 들어가서 잠시 인사를 하기도 하고 조용히 수업이 진행되는 모습을 지켜보기도 하였다. 대부분의 교실 문은 열려있었다. 열을 맞추어 앉아있는 학생들은 교실 앞에서 있는 교사의 말을 귀담아 듣고 수업에 열심히 참여하고 있는 것 같았다.

네이튼의 작은 교장실은 본 건물과는 떨어진 곳에 창고 같은 공간에 위치하고 있다. 교장실에는 큰 이중창문에 비닐로 된 큰 블라인드와 에어컨이 있었다. 교장실에서는 학교 출입구가 전혀 보이지 않았다. 교장실은 가족사진과 졸업한 학생들의 사진이 많았다. 교장실은 매우 깔끔했고, 큰 책상과 의자, 컴퓨터와 프린터, 학교 관련 서류들이 정리되어 있는 정리대, 학교와 지역 공지사항으로 가득 찬 게시판 등이 있었다. 본 건물에서 일어나는 모든 일들은 교장실에서 들렸다. 나무로 된 문 바로 앞에 확성장치가 있었다.

올 해로 네이튼이 이 학교에 근무한 지 6년이 된다. 그는 서부도심고등학교(Western Town High School)에서 23년간 교감으로 재직했었다. 네이튼과 교감은 모두 서부중학교 졸업생이다. 네이튼은 학교에서 3분 거리에 살고 있고, 조깅할 때마다 학교 주변을 돈다. 매일 아침 네이튼은 이 지역에 있는 작은 커피숍에서 커피를 마신다. 네이튼은 학부모나 교사들이 원할 때면 언제든지 그 커피숍에서 자기를 찾고 만날 수 있다고 말하였다. 네이튼은 학교 시스템에 익숙해지는 것에 대해 이야기하였다.

신뢰에 대한 서부중학교 교장의 인식

❖ 믿음직함

대화를 나누는 동안, 네이튼은 신뢰가 믿을 수 있음을 의미한다고 암시하였다. 그는 "교사들은 나 때문에 놀랄 일이 많지 않습니다. 나는 그것이 신뢰의 한 구성요소가 아닐까 생각합니다. 교사들은 내가 어떻게 해 왔는지, 내가 일들을 어떤 방식으로 처리할 것인지에 대해 아주 잘 알고 있습니다. 교사들이 뜻밖의 결과 때문에 놀라는 일은 없습니다. 나는 항상 안정을 유지할 수 있도록 노력합니다. 교사들은 내가 어떻게 반응할지를 아는데, 이것이 신뢰의 한 부분입니다."라고 명확히 말하였다. 신뢰는 교사들이 그를 알고 그가 진지하다는 것을 알며 그가 교사들을 위해 존재한다는 것을 아는 것이다.

❖ 소통

네이튼은 교직원과의 신뢰에 대해 정의하는 것을 어려워하였다. 그는 행동을 묘사하지 않고서는 사람들 간의 신뢰의 의미를 정확히 기술하지 못하였다. "신뢰라는 말에 대한 나의 느낌은 아마도 사람들이 언제 믿음을 갖게 되는가와 관련이 있을 것입니다. 신뢰에 대한 정의는 이런 것이 아닐까요? 그러니까, 문제나 걱정, 쟁점 등을 가지고 당신에게 다가갈 수 있다는 믿음, 그리고 당신이 편의

만을 고려하거나 정치적으로 생각하지 않고, 인간적이면서도 전문적으로 그 문제들을 잘 처리할 것이라는 믿음이 곧 신뢰일 것입니다… 개방적이고 자유로운 대화야말로 내가 추구하는 신뢰의 한 부분입니다. 우리는 모두 같은 생각을 가지고 있습니다."

네이튼은 교사들과의 신뢰를 표현할 수 있는 단어나 어구를 사용하지 않고, 행위를 통해서 신뢰의 의미에 대해 말하였다. 대인 신뢰의 실제 의미에 대해서 물어보았을 때, 네이튼은 신뢰의 한 부분으로서 교사들의 말에 귀 기울여 주는 것의 중요성에 대해 말하였다. 그는 "나는 교사들이 나에게 말하기를 꺼려하는 부분이 없다고 믿고 싶습니다. 설령 그것이 내가 들었을 때 좋아할 만한 내용이 아니라는 것을 알지라도 말입니다."

서부중학교 교장은 교사들의 말을 적극적으로 들어주는 것이 상호간의 신뢰의 중요한 부분이라고 강조하였다. 그는 경청하는 과정이 교직원과의 신뢰의 일부분을 구성한다고 생각하였다. "나는 교사들로 하여금 내가 그들의 관심사에 적절하게 응답할 것이라고 생각하기를 바랍니다."라고 네이튼은 말하였다. 네이튼이 생각하는 신뢰의 의미는 일관되고 믿음직한 자세로 교직원들의 말을 들어주고 응답해주는 것이었다. 교직원들은 그에 대한 확신이 있고, 그 또한 교직원들에 대한 확신이 있었다. "나는 우리가 그저 해오던 대로 일하면서 신뢰해야 한다고 생각합니다. 사람들은 동기의 문제를 넘어서서, 우리가 아침에 일터에 올 때 모두 같은 목표를 지니고 있다는 사실을 믿어야 합니다."

신뢰에 대한 서부중학교 교사들의 인식

❖ 믿음직함

교장과 마찬가지로 서부중학교의 교사들 또한 신뢰의 의미에 있어서 행위를 강조하였다. 단어나 어구로 응답해보라고 하였을 때도 교사들은 여전히, 그들과 교장간의 신뢰는 교장이 교사들의 말을 잘 듣고 따라주며, 일관된 반응을 보일 것이라는 기대와 관련이 있다고 말하였다. 교장과 같은 방식으로 신뢰에 대해 묘사하면서, 교사들은 그들이 신뢰의 의미를 찾으려면 교장이 그들에게 무언가를 해주어야 한다고 말하였다. 교사들은 네이튼이 일관되게 그들의 말을 듣고 따라주는 것이나, 그들이 하는 말에 대해 일관되게 반응해주는 것을 중요시하였다. 한 교사가 말하기를 "나는 그의 일관성이 중요하다고 생각합니다. 그리고 변하지 않는다는 것을 아는 것이 신뢰의 의미라고 생각합니다."

❖ 소통

서부중학교에서는 신뢰의 의미를 정의함에 있어서, 기술적인 어구 보다는 행위 또는 실제 관습에 더 중점을 두고 있었다. 한 교사가 말하기를, "나는 신뢰가 교장과 의사소통하는 것이라고 생각합니다. 내 말이 수용되고 있다는 것이 신뢰의 한 부분이라고 생각합니다. 우리 교장은 우리 모두의 말을 귀담아 들으려고 노력하고 있습니다."라고 하였다. 서부중학교 교사들은 상호간의 신뢰를 교장이 그들의 말을 경청하는 것, 교사들이 학생들을 효과적으로 교육할 수 있도록 필요한 정보를 제공하는 것, 교사들의 말을 잘 듣고 따라주는 것이라고 생각하고 있었다. 네이튼의 예를 들면서, 교사들은 말하였다. "네이튼은 무슨 일이 진행되고 있는지 말해주고, 학생들을 대하는 데 필요한 정보를 제공해줍니다. 그가 진실로 나의 입장을 이해한다고 말하였을 때, 다시 말해서, 그가 나의 교실에서 무슨 일이 일어나는지 알고 있다고 말하였을 때는, 그는 내가 무엇을 해야 하는지 알고 있습니다. 그렇기 때문에 내가 그 문제에 대해 걱정을 할 때면, 그는 내 말을 들어주고 함께 해결하고자 노력합니다. 이게 바로 내가 우리들 간에 신뢰 관계가 잘 구축되어 있다고 생각할 때입니다." 다른 교사가 이 교사의 말에 동의하면서 덧붙였다. "나는 문제가 있을 때 내가 하고 싶은 말을 하기 위해 그를 찾아갈 수 있다는 것을 알고 있습니다. 그리고 나는 나의 문제에 대해 그와 논의할 수 있습니다. 또 그는 일의 책임이 나에게 있다고 지레짐작하지 않을 것입니다. 그는 비밀을 유지할 수 있습니다. 나는 이것이 바로 교장선생님과 함께 일하는 우리들이 느끼는 신뢰라고 생각합니다."

서부중학교에서 교장과 교사들은 신뢰를 행동이나 행위를 통해서 정의하였다. 그들은 신뢰를 아주 비슷하게 정의하였다. 교사들과 교장 모두, 상호간의 신뢰는 교장이 믿을만하고 언제든지 만나 대화 할 수 있으며, 소통 가능한 것이라고 생각하고 있었다. 명랑중학교나 핸디중학교의 경우와 마찬가지로, 서부중학교 교사들은 신뢰를 비밀을 유지하는 것이라고 인식하고 있었다.

신뢰의 공통 요소

신뢰의 의미가 각 학교의 교장에 따라서 다양하게 나타났으나,

브래드, 토니, 네이튼은 모두 신뢰에 관해 일부 공통된 부분을 공유하고 있었다. 세 중학교의 교장들은 모두 그들의 진실함이나 정직함을 상호 신뢰의 한 부분이라고 언급하고 있었다. 세 행정가 모두 신뢰의 의미에 있어서 교사들과의 관계를 발전시키는 것에 초점을 두었다. 모든 교장들은 그들의 존재에 대해서 말하면서 교사들의 의견을 잘 듣고 따라주는 것, 믿음직한 존재가 되는 것에 대해서 이야기하였다. 명랑중학교 교장 브래드와 서부중학교 교장 네이튼은 각각 그들과 교사들 간의 신뢰에 대해서 이야기 할 때, 교사들과 같은 믿음을 갖는 것이라고 말하였다. 명랑 중학교와 핸디중학교의 교장은 신뢰의 한 부분으로 정직함을 들었다.

세 교장은 모두 교사들과 소통하는 것에 중점을 두었다. 그러나 소통이라는 범주 내에서 세부 구성요소는 다르게 나타났다. 핸디중학교 교장 토니에게 있어서는, 신뢰가 의미하는 소통은 교직원들과 일대일 인터뷰를 하고 학교 운영을 공유하는 것을 의미하였다. 서부중학교의 네이튼에게는 자유로운 열린 대화를 나누고, 같은 믿음을 공유하는 것, 적극적으로 듣는 것이 신뢰의 일부분으로서의 소통이었다.

세 교장은 각각 소통 이외에 그들과 교직원 간의 신뢰의 결과물로써 지지라는 차원을 언급하였다. 명랑중학교 교장 브래드는 교사들을 향한 긍정적인 태도가 지지와 신뢰를 의미한다고 생각하였다. 핸디중학교 교장 토니는 비공식적인 대화를 언제든지 나눌 수 있는 존재가 되는 것이 신뢰의 의미라고 인식하였다. 서부중학교 교장 네이튼은 언제든지 곁에 있고 믿을만하며 적절한 반응을 하는 것이 신뢰를 의미한다고 하였다.

세 교장과 마찬가지로, 세 중학교의 교사들이 인식하는 신뢰의 의미에도 공통되는 하나의 범주가 있었다. 그 하나의 범주는 바로 확신을 유지하는 것이었다. 이 관점에서 신뢰는 지지를 의미한다.

세 학교 교사들은, 교장이 자기들을 신뢰하고 가치 있는 존재로 여긴다는 것을 느낀다고 표현하였다. 교장은 교직원들과 그들의 전문성에 대한 믿음을 보여준다. 핸디중학교 교장 토니는 "이것이 바로 내가 교직원을 대하는 방식입니다. 나는 여러분들이 매 순간 무슨 일을 하고 있는지 여러분들 어깨너머로 감시하지 않습니다. 여러분들은 모두 전문성을 갖추고 있습니다. 나는 여러분들을 전문가로서 고용하였고 여러분들은 전문가입니다."라고 말하였다. 그가 생각하기에, 함께 의사결정을 내리고 평등하게 일하는 것이야말로 일관성을 보여주며 교장과 교사들 간의 신뢰관계를 증진시키는 길이다.

지역에 따른 차이가 있기는 하나, 세 학교의 사례를 통해서 신뢰의 기본 원리를 찾을 수 있었다. 두 명의 교장은 신뢰가 같은 믿음을 갖는 것이라고 주장하였다. 두 학교의 교장과 교사들은 신뢰가 정직함 혹은 진실함을 의미한다는 데 동의하였다. 세 번째 학교에서 교장과 교사들은 신뢰가 진정으로 경청하는 것이라는 데 동의하였다. 세 학교에서 교사들은 비밀 유지가 신뢰의 한 차원이라는 일치된 의견을 나타내었다. 교장에 비해 교사들은 상호간의 신뢰가 무엇을 의미하는지에 대해 비교적 덜 명확하게 인식하고 있었다. 이는 교사들이 신뢰의 의미에 관해서 더 많은 차원을 고려하고 있기 때문이다.

제 3 장

지도자의 신뢰 증진 행동

명랑중학교에서의 소통적 행동
핸디중학교에서의 소통적 행동
서부중학교에서의 소통적 행동
명랑중학교에서의 지원적 행동
핸디중학교에서의 지원적 행동
서부중학교에서의 지원적 행동

제 3 장
지도자의 신뢰 증진 행동

교장과 교사들이 생각하는 신뢰의 의미에 대해 들으면서, 나는 교장이 교직원들의 신뢰를 이끌어내기 위해 어떠한 행동을 할 수 있을지 궁금해졌다. 내가 방문했던 세 학교에서, 교장과 교사들은 상호 신뢰를 증진시키는 교장의 행동에 대한 나름의 의견을 가지고 있었다. 신뢰의 의미가 학교 맥락에 따라 다르게 나타난 것과 마찬가지로, 신뢰를 강화시키는 교장의 행동도 학교 맥락에 따라 다르게 나타났다.

명랑중학교에서의 소통적 행동

❖ 교장의 생각

브래드는, "우리가 모든 것에 대해 완벽하게 의사소통을 하기는 어렵습니다. 실제로 일어나는 일들을 말로 완벽하게 표현할 수 없으며, 이러한 의사소통의 문제가 생길 때 신뢰가 무너지는 일이 발생합니다. 사람들은 모든 것을 자신의 입장에서 해석하고, 이런 해석은 실제 교장에 대한 존경과 신뢰를 무너뜨리는 결과를 낳을 수 있습니다"라고 말했다. "자주 의사소통하는 것이 교장과 교사 간에 발생하는 불신을 막는 좋은 해결책입니다"라고 그는 강조했다. "무슨 일이 일어나고 있는지 알려주는 것, 지속적으로 공동의 목적이 무엇인지, 진행상황이 어떠한지, 계획이 어떠한지에 대해 적절히 정보를 제공하는 것이 중요합니다. 좋은 의사소통은 아마도 사람들이 선택하고 결정할 수 있도록 양질의 정보를 제공하면서 사실을 정확히 밝히는 의사소통, 사건이 일어난 빠른 시간 내에, 적절한 시간에 행해지는 의사소통이라고 생각합니다."

"나는 교직원들과의 정확한 의사소통에 믿음이 있습니다. 이것이 내가 교사들에게 신뢰를 얻는 방법입니다."라고 브래드는 결론지었다. 그는 "과거에 나는 전 교직원에게 메모를 전달하였습니다. 때로는 이 메모가 몇몇 교직원들에게만 해당되는 것이었습니다. 이 메모들은 훈계용이거나 지시적인 것이었고, 가끔 교사들은 이것을 잘못 해석하기도 했습니다."라고 설명했다. 브래드는 "잦은, 좋은, 정확한 의사소통"이 주된 신뢰 구축 행동이라고 강조했다.

브래드가 선호하는 의사소통 방식 중 하나는 전자통신을 이용하는 것이다. 그가 학교에 처음 기술설비들을 구비했을 때, 교사들이 소프트웨어 사용에 익숙해지기까지는 시간이 걸렸다. 브래드는 교사들이 기술설비에 익숙해지도록 하는 동시에, 필요할 때는 언제든지 직접 대면할 수 있도록 했다고 설명했다. 이제 브래드는 2주에 한 번씩 학교 뉴스레터를 전자메일을 이용해 학부모들과 학교 직원들에게 발송한다. "나는 전자메일로 뉴스레터를 발송하는 유일한 교장입니다… 그리고 일상적인 의사소통을 위해 학교 메일 계정을 만들었다는 것에 대해 매우 자랑스럽게 생각합니다… 우리는 매일 이메일을 통해서 업무를 진행합니다. 서버가 고장이 나면 우리의 의사소통 창구가 없어지는 것과 같기 때문에, 서버가 고장이 날 때면 사람들은 매우 스트레스를 받곤 합니다." 그는 이 방법이 적절한 시기에, 정확한 정보를 전달할 수 있게 한다고 말했다. 서버가 다운되면, 명랑중학교의 일상 의사소통이 정보의 교환 창구에서 막혀버리기 때문에 대 혼란이 생긴다.

"기술은 유용한 의사소통 도구입니다. 나는 메모는 불편하다고 생각합니다. 왜냐하면 내가 의도하지 않은 사람들에게도 정보가 전달되기 때문입니다. 전자통신은 내가 진짜로 의사소통하고 싶은 사람에게만 내 메모를 전달할 수 있게 하기 때문에 나와 잘 맞습니다. 전자통신을 이용하면 소그룹 의사소통이 가능하고, 7학년 교사들에게만 메모를 전달할 수도 있으며, 수학교사들에게, 혹은 나의 자문위원들에게만 메모를 전달할 수도 있습니다. 나는 일정한 그룹에 중점을 둘 수 있고, 좀 더 비공식적인 방식으로 글을 쓸 수도 있습니다." 기술은 브래드에게 독자를 정할 수 있게 해주었다.

전자 의사소통이 성공적이었음에도 불구하고, 브래드는 교사들과의 면대면 의사소통이 최고의 의사소통 방법이라는 것을 인정했다. "교사들과 자주 대화를 해야 할 때, 모든 교사들을 오래 붙잡고 있을 수가 없습니다... 그것이 바로 교장과 관리자들이 메모에 의존하는 이유입니다. 메모를 이용함으로써 모두에게 전달사항을 전했다고 자신할 수 있으며, 그것이 바로 메모입니다"라고 브래드는 지적했다. 초기 계획을 회상하면서 브래드는 말했다. "내가 처음 이 학교에 왔을 때, 모든 직원들과 면담을 했습니다. 면담하는 데는 두 달 반 정도의 시간이 걸렸습니다. 나는 교직원 한 명을 면담하는데 대략 45분을 사용했습니다. 이것은 교직원들에 대해서 알고, 학교 내 핵심인물을 파악하고자 하는 노력의 일부였습니다."

브래드는 이러한 개인적이고 많은 시간이 소요되는 대화의 한계에 대해 인정했다.

교사들과의 면대면 대화 대신에, 브래드는 교장실 문 열어 두기 정책을 고수했다. 이 정책은 그가 교직원들과 긴밀한 관계를 유지할 수 있게 해주었다. 이를 통해 "교사들이 어떤 문제에 대해 나와 이야기 하고 싶어 할 때, 나는 이를 수락합니다... 교사들은 나에게 올 때, 교사들과 나 사이에 신뢰가 구축되어 있음을, 그리고 무슨 말을 하든지 비밀이 보장될 것임을 알고 있습니다." 브래드는 또한 건물 내에서 교사들의 눈에 항상 보이는 것이 중요하다고 말했다. 이는 교사들이 "당신이 믿는다고 말한 것을 실제로 행하고 있는 모습을 볼 수 있게 하고, 당신의 도움을 필요로 할 때 언제나 당신을 만날 수 있다는 것을 알 수 있게" 하는 것이었다.

브래드가 마지막으로 지적한 중요한 신뢰 구축 행동은 갈등에 직면하는 것이었다. 브래드는 학부모와 교사, 학생과 교사, 비서들 간 갈등은 자주 발생한다고 말했다. 그는 교사들이 그를 문제 해결책을 찾는 사람으로 생각한다고 느꼈다. 그는 종종 "문제가 생겼어요. 도와줄 수 있나요?"라는 말을 듣는다고 했다. 그리고 그는 "중간 관리자로서, 나는 매일 갈등의 한 중간에 있습니다... 나는 항상 문제 해결책을 찾으려고 노력합니다."라고 덧붙였다. 브래드에게 있어서 갈등관리는 신뢰 구축의 중요한 부분이었다.

신뢰가 깨지기 쉽다는 것을 강조하면서, 브래드는 "신뢰는 하루 아침에 무너질 수 있습니다. 신뢰는 매우 연약한 것입니다. 하루 밤 사이에도 한 사람 혹은 교직원 전체의 신뢰를 무너뜨릴 수 있는 사건이 발생할 수 있습니다. 교사들이 어떠한 방향으로 생각하고 있는 문제가 있었는데, 만일 그 문제가 다른 방향으로 바뀌어

버렸다면... 교사들은 무언가 변화가 생겼다고 생각할 것입니다." 브래드는 오해가 갈등을 낳을 수 있음을 암시했다.

❖ 교사들의 생각

"교장 선생님은 우리들의 의견을 잘 들으려고 합니다. 그리고 어떤 주제에 대해서 우리가 여러 의견을 제시하면 매우 기뻐합니다."라고 명랑중학교 교사들이 말했다. 교사들은 우리 학교 교장은 본인이 모든 정답을 가지고 있다고 생각하지 않고, 교사들의 입장을 이해하기 위해서 교사들과 자유롭게 대화하는 사람이라고 말했다. 명랑중학교 교사들은 열린 대화, 정직한 대화를 지속적으로 하는 것, 교사들의 말을 잘 경청하는 것, 어떤 상황이라도 직면해 나가는 것을 교장과 교사 간 신뢰를 구축하게 하는 행동이라고 말했다.

명랑중학교 교사들은 갈등을 다룰 줄 아는 교장이 있다는 점의 가치를 강조했다. 교사들은 "신뢰를 구축하는 데 가장 도움이 되지 않는 행동은 문제를 제기하는 것을 꺼리거나, 문제에 대한 책임을 다른 누군가에게 전가하는 것입니다."라고 강조해서 말했다. 교사들은 신뢰를 구축하는 데 있어서 장애요인을 묻는 질문에 대한 답으로 이 의견을 제시했다.

핸디중학교에서의 소통적 행동

❖ 교장의 생각

"내가 이 학교에서 잘 하고 있는 일 중 하나는 학교 문제에 대해서 사람들과 비공식적인 대화를 많이 나누는 것입니다."라고 토니는 말했다. 또한 그는 "이런 대화는 복도에서 이루어지기도 하고, 점심 식사 때 이루어지기도 하고, 어디서든지 가능합니다."라고 설명했다.

"내가 교사들과 하는 일 중 하나는… 행정의 어려움, 즉 교장으로서 겪는 일상적인 어려움에 대해 이야기 하는 것입니다. 교사들은 그런 어려움에 대해서 잘 모르고 있으며, 나는 교장이 열심히 일하고 있다는 것을 교사들이 알았으면 하기 때문입니다. 비록 내가 이런 문제에 대한 책을 읽어본 경험은 없지만, 이를 통해 교사들이 행정에 대해서 더 많이 이해하게 된다고 생각합니다. 사실, 교사들은 '교장선생님이 하는 일을 하고 싶지는 않지만 교장선생님이 하는 일에 대해 존경과 신뢰를 하게 되네요'라고 말하기도 합니다." 토니는 교장으로서 자신의 일을 명확히 하고 소통하기 위해 열심히 일했다.

토니는 교직원들과의 열린 대화, 정직한 일대일 대화를 통해 관계를 강화시켰음에도 불구하고, 때때로 교직원들이 그에게 불만을 표출한다고 말했다. 교장실에서 교사들은 교장에게 매우 퉁명스럽게 대했다. 토니는 이런 갈등상황을 직면하고 해결해 나갔다.

"가끔 나는 개별 교사들에게 너무 지나치다고 말했던 적이 있습니다. 내 생각에 특히 올해의 경우, 많은 불만이 위생 부분, 건물 증축 및 보수 때문에 생긴 것 같습니다. 교사들은 교장실에서 지나치게 비판적인 태도를 보였습니다. 나는 그렇게 비판적일 필요가 없으며, 내가 잘 해결해 나갈 것이라고 말했습니다. 그러나 어떤 면에서는 이런 대화들도 신뢰를 쌓는 데 도움이 되었다고 봅니다. 왜냐하면 그러한 대화들이 관계에 일정한 한계를 정할 수 있게 해 주기 때문이죠. 따라서 사람들은 성인으로서 어디까지 받아들여지고, 받아들여지지 않는지 알 수 있게 됩니다. 몇몇 교사들은 한정된 자원 때문에 교장이 부딪히는 딜레마나 어려운 결정들에 대해 이해하고 있다고 생각합니다." 현재 진행 중인 학교 보수 과정에 대해 교사들은 공기의 질 문제, 전기 문제, 다른 일정 문제 등의 이유로 교장에게 불만을 표시하곤 했다.

토니는 교직원들과 합의를 도출해 내기 위해 노력하고 있다고 말했다. "우리는 의견의 일치를 이루기 위해서 노력합니다. 의견이 일치하는 범위 내에서 변동이 있을 수도 있으며, 이는 소집단 내에서나 전체 집단 내에서 모두 가능한 일입니다. 나는 시시때때로, 교직원들이 이를 달가워하지 않을지라도, 조직 속에서 일하고 있다는 사실을 상기시키곤 합니다. 교직원들은 개별 조직이 아닙니다. 우리는 함께 도달해야 하는 합의점이 있고, 교직원들은 이러한 목표와 목적을 지향해야 할 전문적 의무가 있습니다." 교사들과 의견일치를 이루어가면서, 토니는 이러한 과정이 협력을 이끌어내고, 개방적이고 정직한 의사소통을 할 수 있게 하며, 의사결정의 합리적 근거를 설명할 기회를 제공한다고 느꼈다. 토니는 의견의 일치를 특히 중시했는데, 이전의 교장은 이러한 방식으로 교사들과 일을 하지 않았기 때문이다. 그는 합의를 도출해내는 과정이 교직원들과의 신뢰를 구축하는 기반을 형성한다고 주장했다.

토니는 의사결정과정에 대해서도 언급하였다. 토니는 "당신이 사람들에게 합리적 근거를 설명하고, 당신이 직면한 딜레마를 보여주고, 당신이 한 일과 그 이유를 설명하는 데 시간을 할애할 때, 신뢰가 조금 더 구축된다고 생각합니다."라고 말했다. 그는 이런 유형의 거버넌스가 교사와의 신뢰를 형성하고, 합의 도출을 위한 협력적인 분위기를 구축할 수 있게 해준다고 말했다.

전자통신의 사용과 관련해서 토니는 “우리 학교는 교실과 교장실이 연결되어 있지 않습니다. 그렇다고 해도, 나는 교장으로서 그렇게 하고 싶지 않습니다. 진부한 표현이지만, 쓰는 것보다는 말하는 것이 낫다는 말이 있습니다. 그리고 필연적으로, 매체가 메모이든, 이메일이든지 간에, 이러한 글로써 행해지는 의사소통은 오해를 양산할 수 있습니다. 나는 이것이 매우 보수적인 판단이라고 생각하지 않습니다... 신뢰를 위해서 내가 하는 일은 대부분 교사 존중에서 비롯됩니다. 교사들은 모두 바쁘고 가르치는 일에 집중하기를 원하기 때문에 나는 회의를 하지 않고도 그들이 원하는 정보가 무엇인지 알아야 할 필요가 있습니다. 그래서 나는 메모를 통해 정보를 전달하기도 합니다. 보통 주말이 지난 후 월요일에 작성하곤 하는데, 컴퓨터로 작성해서 프린트를 한 것이죠. 가끔 사람들은 ‘이건 별로네요... 여기서 얻을 게 없어요.’라고 말하기도 합니다. 그렇지만 나는 교사들에게 지속적으로 정보를 전달하기 위해 노력하고 있습니다. 나는 회의를 하기를 원치 않습니다. 그러나 이러한 서면 의사소통 때문에 문제가 생길 때마다 나는 글로 적는 것 보다는 사람들과 이야기를 하고 말로써 의사소통하는 게 낫구나라고 생각하게 됩니다.” 토니는 교사들과 면대면, 일대일 관계를 중시하는 것만큼, 의사소통 수단으로서 전자통신의 활용에 대해 반복하여 말했다.

❖ 교사들의 생각

“우리 학교에는 숨겨진 안건이 없습니다. 정말로 없습니다.”라고 핸디중학교의 교사가 자랑했다. “맞아요. 우리 교장선생님은 평등한 관계를 중시하며, 학교 안에서 일어나는 모든 일에 직원들을 참여시킵니다." 다른 핸디중학교 교사가 말했다. "음, 나는 평등이라고 생각해요. 우리 교장선생님처럼 공개적으로 문제를 제시하고, 문제에 대해서 이야기 하는 것이죠. '우리가 무엇을 할 수 있을까? 당신의 생각은 어떻습니까? 제안해 보세요.'라고 묻는 것입니다." 세 번째 교사가 힘주어 말했다. 그녀는 계속해서 "우리 학교에는 정해진 규칙이 별로 없습니다. 따라서 이 규칙에 따라야 할 지 저 규칙에 따라야 할 지 걱정할 필요가 없기 때문에 신뢰가 생긴다고 생각합니다. 즉, 문서화된 규칙이 별로 없고, 이것이 바로 개방적인 분위기를 만든다는 것이죠."라고 말했다.

교사들은 교장(토니)이 계속해서 교사들과 정보를 주고받는 것에 대해 자랑스럽게 생각한다는 사실을 알고 있었다. 교사들은 학교가 어떻게 운영되고 있는지에 대해서 교사들과 지속적으로 공유하고자 하는 토니의 노력이, 모든 일을 교사들과 논의하는 그의 능력과 마찬가지로, 중요한 신뢰 구축 행동이라고 말했다.

한 교사가 말했다. "우리들 중 몇몇은 오랫동안 함께 근무해왔습니다. 그래서 서로서로 갈등이 생기고 해결되는 데 어려움이 없죠. 교장선생님과의 갈등도 마찬가지 입니다. 우리 학교에서는 대부분의 갈등이 해결되곤 합니다. 나는 갈등이 자연스럽게 드러나고, 다루어지고, 해결된다는 사실이 신뢰 구축에 있어서 매우 중요한 부분이라고 생각합니다. 만약에 갈등이 자연스럽게 드러나고 해결되지 않는다면, 우리는 갈등에 대한 교장의 대응을 신뢰할 수 없게 됩니다. 갈등을 회피하는 것은 신뢰를 약화시키는 결과를 낳습니다. 문제를 미뤄두거나 숨겨 놓다보면, 언젠가는 문제들이 표면위로 떠오르게 되고 모든 일을 그르치게 될 것이기 때문입니다." 따라서 핸디중학교 교사들은 갈등을 해결하는 교장의 능력을 신뢰 구축 행동이라고 규정하였다.

서부중학교에서의 소통적 행동

❖ 교장의 생각

"잘 듣기 위해서는 반응을 보여야 합니다. 누군가가 당신에게 무엇을 이야기 한다면 당신은 반응을 해야 합니다. 만일 누군가가 도움을 청하기 위해 왔거나, 누군가가 고민거리를 가지고 왔다면, 내가 무엇을 할 수 있을까 생각해야 합니다. 만일 당신이 무언가를 하지 않는다면, 그것은 듣지 않은 것과 같습니다. 나는 교사들의 고민거리에 반응하며, 그것이 가장 큰 신뢰 구축 요인입니다." 서부중학교 교장 네이튼이 말했다. 네이튼 교장은 교사들의 말을 잘 듣고 반응하는 것이 신뢰 구축 과정에 크게 영향을 미친다고 생각하고 있었다.

비록 네이튼 교장이 스스로가 능동적인 청취자였다고 말했지만, 그는 다른 이들의 의견을 잘 들어주는 것을 포함하는, 공유된 의사 결정 방식의 개념을 완벽히 받아들이지는 못했다. "결정을 하기 전에 교사들의 의견을 들을 것입니다. 그러나 결정은 내가 할 것입니다."라고 의사결정방식에 대해서 물었을 때 네이튼은 대답했다. "음, 여러 의사 결정 방법이 있지요. 집단 의사 결정에 적합한 방식도 있고, 사람들이 참여해서 문제 상황과 해결책을 말하는 방법도 있지요... 그리고 모든 의사 결정 방식에는 그 의사 결정에 만족하는 사람도 있고 그렇지 못한 사람도 있는 것이지요. 신뢰에 관해서, 나는 그러한 의사 결정을 하게 된 동기가 올바른 것이었다면, 사람들이 나를 신뢰할 것이라고 믿어야 한다고 생각합니다. 의사 결정에 대해서 만족하지 못하는 사람은 언제나 있기 마련이기 때문이죠. 교사들과 모든 문제에 대해서 이야기할 수 있는 상황도 있지만, 그렇지 못한 상황도 있습니다." 의사 결정에 관한 이러한 생각은 네이튼 교장과 교사들 간에 의사 결정과 관련한 갈등이 있었음을 암시했다. 그러나 네이튼 교장은 의사 결정에 앞서 교사들의 의견을 들었을 것이고, 교사들 또한 교장이 자신들의 의견을 들었다고 느꼈을 것이다.

네이튼 교장이 교사들의 의견을 듣기는 하겠지만, 의사결정은 스스로 하겠다고 이야기했던 점과, 한 교사가 네이튼은 항상 본인 의견대로 일을 진행하는 것 같다고 말했던 사건을 회상했다. 네이튼에 의하면, 이 두 사건은 그와 교사들 간에 개방적이고 정직한 의사소통이 가능함을 암시하는 것이라고 한다. 그들은 의견을 표현하면서 서로 갈등에 직면했다. 네이튼은 그 당시 교사들에게 했던 말을 되풀이했다. "슬픈 이야기지만, 결정은 내가 하겠습니다." 다른 예로 한 교사가 네이튼에게 "교장선생님은 항상 본인의 뜻대로 일이 결정될 것이라고 생각하시는 것 같아요."라고 말한 적이 있다. 네이튼은 "안타깝군요. 무슨 말이죠? 내가 그렇게 완고한가요?"라고 물었고, 그녀는 "아닙니다. 그저 제 생각을 이야기 한 것일 뿐이에요."라고 대답했다.

지난 일을 회상하면서 교장-교사 간 대화를 정리해볼 때, 네이튼은 자신이 교사들의 의견을 잘 들어주었고, 자신의 결정에 대한 합리적인 근거를 제시했다면, 일방적인 결정을 내릴 수도 있다고 생각했다. 교사들의 의견을 잘 들어주고, 교장에 대한 교사들의 생각을 개방적이고 정직하게 이야기 할 수 있게 함으로써, 네이튼은 교사들과의 신뢰를 쌓고 갈등을 줄일 수 있다고 말했다. 네이튼은 교사들에게 칭찬 쪽지를 종종 쓴다고 말했다. 네이튼은 교사들의 전문성을 인정하는 것이 신뢰 구축 과정과 관련이 있는지 궁금해 했다.

❖ 교사들의 생각

서부중학교 교사들은 교장이 교장실 문을 열어두고 교사들의 말을 잘 들어준다고 생각했다. 교사들은 이러한 "잘 들어 주기 방침"이 교사와 교장간의 신뢰 관계를 지속시키는 데 중요한 영향을 미쳤다고 느끼고 있었다. 한 교사는 "그 어떤 문제가 있더라도 나는 교장선생님을 찾아갈 수 있어요. 이럴 때 우리 사이에 신뢰관계가 형성되어 있다고 느낍니다."라고 말했다. 다른 교사는 "어떤 상황에서든, 언제든, 교장선생님과 이야기 할 수 있죠."라고 덧붙였다. 교사들은 네이튼 교장을 언제든지 찾아가서 만날 수 있고 어떤 문제에 대해서든 이야기 할 수 있다는 점을 매우 강조했다. 교사들은 "우리는 교장선생님이 지지하지 않는 의견도 낼 수 있고, 가끔은 우리의 관점을 관철시킬 수도 있어요. 그러나 많은 경우 서로 의견이 갈라지곤 하죠. 서로의 의견에 동의하지 않을 수 있고, 서로의 의견에 동의하지 않는다는 것을 인정합니다. 그것이 관계에 영향을 미치지는 않아요. 그저 한 문제에 대해 두 가지 관점이 있는 것이고, 우리가 같은 관점을 갖지 않은 것일 뿐, 이것은 문제가 아닙니다. 나는 이러한 점도 신뢰 관계 표시의 하나라고 생각합니다. 또한 전문적 관계, 존중하는 관계의 표시라고 생각합니다."라고 말했다.

교사들은 교사와 교장간의 신뢰 구축을 막는 진짜 장애물은 교장이 일상적인 만남, 또는 교사들이 말하는 "정기적인 만남"을 갖지 않는 것이라고 말했다. 따라서 네이튼 교장과의 일상적인 상호작용은 교사들에게 매우 중요한 것이었다. 교사들은 "우리는 정기적인 만남, 일상적인 만남을 하고 있고, 우리는 그러한 만남을 매우 좋아합니다."라고 자랑하듯 말했다. 한 교사는 이러한 지속적인 상호작용이 신뢰 구축 과정에 중요한 이유 중 하나로 네이튼 교장이 학교에서 일어나는 일들을 지속적으로 교사들에게 알려주기를 바라는 교사들의 욕구를 꼽았다. "교사들은 무슨 일이 진행되고 있는지, 지금 우리가 하고 있는 일이 어떻게 시작된 것인지에 대해 알기를 원합니다." 같은 맥락에서, 교사들은 신뢰구축에 영향을 미친 네이튼 교장의 방법 중의 하나로 자주 회의 일정을 잡는 것을 꼽았다. "지금은 회의가 충분히 자주 열립니다. 그러나 작년이나 재작년의 경우는 회의가 충분하게 이루어지지 않았습니다. 그다지 회의를 많이 하지 않았거든요. 또한, 우리는 교장선생님이 우리가 관심 갖고 있는 많은 문제들을 회의 안건으로 내놓고 함께 이야기하려고 노력한다고 생각합니다. 교장은 스스로, 우리가 교사로서 걱정하고 관심을 가지고 있는 문제들을 함께 이야기 해보아야 한다고 느꼈던 것 같습니다. 교사들은 교장이 매우 잘 듣고 있다고 생각합니다." 네이튼 교장이 갈등을 직면해 나가는 방법, 교사들의 의견을 잘 듣는 방법은 신뢰구축 행동 중 의사소통적 유형으로 작용하고 있었다.

명랑중학교에서의 지원적 행동

❖ 교장의 생각

브래드는 "나는 교사들을 도우면서 교사들이 하는 일을 지원하고, 교사들을 배려하고, 교사들이 지지를 받고 있다고 느끼게 함으로써 신뢰를 구축하려고 노력합니다."라고 말했다. 브래드 교장은 이러한 자신의 역할을 "학습과정의 촉진자"라고 정의하고 설명했다. "이것은 교사들이 필요로 하는 것, 이를테면, 연수, 시간, 일정, 자료, 도구와 같은 모든 것들을 교사들에게 제공하는 것을 의미합니다."

브래드 교장에게는, 신뢰 구축 행동으로서의 지지는 교사들의 전문성을 지원하는 것 이상을 의미했다. 이는 교사들의 개인적인 삶을 지지하고, 믿을만한 사람이 되어주고, 교사들이 잘한 일을 인정해주는 것을 의미한다. "나는 교사들이 원하는 모든 것에 있어서 교사들을 지원합니다. 교사들이 어떤 문제이든지 나에게 이야기를 하고 싶어 하면, 신뢰할 수 있는 친구가 되어서 이야기를 들어줍니다. 그것이 학교와 관련된 문제가 아닐 때도 있고, 교사들의 개인적인 삶에 변화가 생겨서 의지할 사람이 필요할 때 일 수도 있습니다. 즉, 교사들에게 신뢰할 수 있는 사람이 있다는 것, 도움이 될 수 있는 사람이 있다는 것이 중요합니다. 모든 일이 잘 되기 위해서는, 교사들이 모든 것이 순조롭다고 느껴야 하고, 교장이 교사들과 좋은 소식을 공유할 수 있는 사람이라고 인식되어야 한다고 생각합니다."

"나는 모든 교직원들에게 기본적인 신뢰가 있다고 믿고, 여기서부터 시작합니다." 브래드 교장은 교장과 교사 간 신뢰를 구축하기 위해 어떤 방법을 사용하고 있느냐는 나의 질문에 이렇게 대답했다. 브래드 교장은 교사들이 자신에게 신뢰하는 태도를 보이는 느낌의 가치를 재차 강조했다. 교사들의 전문성에 대해 긍정적인 태도를 유지하는 것은 상호 신뢰를 강화하는 브래드 교장의 방법 중의 하나였다.

브래드 교장에게 있어 중요한 신뢰 구축 행동으로 여겨지는 것 중 하나는 그가 열심히 일하고 있다는 것을 교사들에게 보여주는 것이었다. 브래드는 교장이 말했던 일을 실제로 하고 있는 장면을 교사들이 보는 것, 즉, 이런 실제적인 행동이 교장과 교사간의 신뢰를 향상시킨다고 느꼈다. "학교 개선 위원회(School Improvement Council)에서 학교 개선에 대해 이야기한다면, 나는 단지 우리 학교가 더 예뻐졌으면 하고 바라고 있는 것이 아니라, 토요일 하루 종일, 땅을 파고 묘목과 나무를 심으면서 보낼 것입니다." 브래드 교장은 그가 열심히 일하는 것이 교사들의 고된 작업을 지지하는 방법이라고 생각했다.

❖ 교사들의 생각

명랑중학교 교사들은 브래드와 같이 편하게 대화를 나눌 수 있는 교장이 있다는 것이 신뢰를 구축하는 데 중요하다고 말했다. "그는 현실적이고, 유쾌한 성격을 가졌으며, 사교적입니다." 한 교사가 말했다. 다른 교사는 브래드의 "문 열어 두기 방침"에 대해 이야기 했다. 한 여교사가 말하기를, "우리는 굳이 약속을 잡지 않아도 됩니다. 복도에서나, 계단에서나, 언제든지 이야기할 수 있고, 특히 교장실 문은 언제나 열려있습니다. 저에게는 이것이 매우 중요합니다."라고 하였다.

교사들을 대하는 교장의 접근 방식이나 태도는 교직원과의 신뢰를 구축하는 데 중요한 것으로 보였다. 교사들은 브래드가 부임하기 이전에, 학교의 분위기는 부정적이었고, 이전 교장은 "교직원들과 일하는 데에 있어서 부정적인 방식"을 취했다고 말했다. 교사들은 "신뢰는 그 자체로 교직원을 지지하는 것"이라고 말했다.

교직원들에 대해 긍정적인 태도를 유지하는 것과 함께, 명랑중학교 교사들은 교장은 공정할 필요가 있다고 생각했다. 교장들은 때때로 교사들에 대해 선입견을 가지고 있을 수 있고, 그런 식의 태도는 신뢰를 구축하는 데 도움이 되지 않는다고 교사들은 말했다. 교사들은 또한, 교장은 새로운 사실이 제시되었을 때, 유연한 사고를 할 수 있어야 하고, 자신의 의견 또한 바꿀 수 있어야 한다고 말했다. 교장은 개방적이고 유연할 필요가 있다는 것이다. 일반적으로, 교사들은 교장은 "문제 상황으로 돌아가서, 재평가하고, 사람들의 의견을 들어야 한다"고 말했다. 교사들은 "공감할 줄 아는" 교장이 이런 것들을 해낼 수 있고, 이런 행동이 신뢰를 구축한다고 말했다.

명랑중학교 교사들은 브래드 교장과 교사들 간 신뢰 구축에 도움이 되는 교장의 모습으로 공감하고 있음을 보여주는 것, 유연한 태도를 지적했다. 이에 더하여, 교사들은 교장이 자신의 잘못을 인정할 줄 아는 것이 신뢰를 형성하는 데 영향을 미친다고 말했다. 몇몇 교사들은, "내가 경험한 바에 의하면, 교장은 본인이 잘못했다는 것을 받아들일 줄 아는 사람입니다. 교장은 특정 교사들에 관한 본인의 견해를 재고하였고, 긍정적인 방향으로 그들을 재평가하였습니다. 나는 이런 점에서 교장을 존경합니다. 만일 교장이 편협한 사람이고, 본인도 잘못을 할 수 있다는 것, 혹은 다른 사람이 더 좋은 아이디어를 제시할 수도 있다는 것, 아니면 본인이 실제로 실수를 했다는 것 등을 인정하지 못한다면, 이것이 바로 신뢰를 무너뜨릴 수 있는 행동이라고 생각합니다."라고 말했다.

한 교사는 "브래드는 본인이 다양한 역할을 맡고 있다는 것을 알고 있습니다. 그는 하루 일과 속에서도 여러 번 역할을 바꾸어야 하며, 어떤 영역에서는 교사들의 전문성에 기대어 일을 처리해야 한다는 것을 받아들입니다. 브래드 교장은 적극적이며 미리 대책을 강구하려고 노력합니다. 무언가 잘못되었을 때는 인정하고 개인적으로나 전문적으로 우리들의 의견을 물어봅니다."라고 말했다.

모든 교사들은 교장에 대한 확신을 유지하는 것이 중요하다고 강조해서 말했다. 만일 그들이 교장을 신임했다면, 후에 그들의 확신이 무너지는 것을 원치 않을 것이다. 민주적 리더십은 신뢰를 강화하는 데 매우 중요한 것처럼 보였다. "우리가 문제 상황에 대해 어떠한 조치를 취하면 우리 교장은 지지적인 태도를 보입니다. 나 또한 교장을 찾아가는 것이 자연스럽습니다."

교사들은 브래드는 그가 모르는 것이 생겼을 때에는 교사들에게 조언을 구하는 등 교장이 교사들의 전문성을 인정하고 교사들을 존중한다고 말했다. "교장이 그 영역의 전문가인 다른 교사에게 조언을 구할 때, 나는 교장이 그 분야의 전문가인 다른 교사들의 의견을 신뢰한다는 것, 그리고 교직원들을 신뢰하기 때문에 교직원들을 충분히 후원한다는 점에 대해 매우 감사하게 생각합니다." 다른 교사도 이와 유사한 의견을 표시하였다. "우리 교장은 교사인 우리에게 관심이 있습니다. 그리고 우리의 교실에 들어와 보려고 노력하십니다."

브래드가 교사들의 전문성을 인정하는 것 이외에도, 명랑중학교 교사들은 교장이 교사들에게 관심을 갖고 배려하는 것의 중요성도 지적하였다. 이런 유형의 배려행동은 지지적인 학교 분위기를 만들어냄으로써 신뢰를 강화시키는 데 도움이 되었다고 교사들은 말했다. "교사들이 학교 이외에도 각자의 삶이 있고 가족이 있다는 것을 교장이 인지하는 것 또한 중요하다고 생각합니다. 우리 교장은 그런 사람입니다."라고 한 교사가 말했다. "가족에게 문제가 생기면 그것이 건강문제든, 교육문제든, 아니면 그 외의 다른 문제이든 간에 도움을 받을 수 있습니다." 다른 교사가 덧붙였다. "브래드는 우리가 제기한 모든 문제들에 대해서 생각해보고, 응답하고, 관심을 가지고 무언가 해결해보려고 노력합니다." 다른 교사가 이런 유형의 신뢰 구축 행동의 가치에 대해 이야기했다.

명랑중학교 교사들은 브래드가 자신의 의견에 대해 유연하고 공정하려고 노력하며, 교사들의 요구에 부응하려고 노력한다고 말했다. 이런 관습들은 교장과의 신뢰관계를 강화시켰다. 대화를 나누는 동안 교사들은 브래드는 자기가 한 말을 잘 지키는 사람이라고 말했다. 교사들은 "우리 교장은 교사들의 요구에 빠르게 응답하고, 항상 교장실의 문을 열어둡니다."라고 말했다. 명랑중학교에서 가장 주요한 신뢰 구축 행동이나 관습들은 교장-교사 관계를 구축하고 유지하는 데 집중되어 있다고 결론지을 수 있었다. 이러한 관계 구축을 강화하는 교장의 행동은 교사들과 소통하고 교사들을 지지하는 것이었다.

핸디중학교에서의 지원적 행동

❖ 교장의 생각

토니와 대화를 나누면서, 토니는 교사들의 피드백을 구하고 교사들에게 정직하려고 노력한다는 것을 알 수 있었다. "나는 일찍부터 이러한 일들을 시작했습니다." 라고 토니가 말했다. "직원들에게 피드백을 구함으로써, 그들을 동등하게 인정하고 교직원들을 지지하고 있음을 보여줍니다."

교사들이 잘한 일을 인정하는 것은 토니가 말한 신뢰 구축 행동이었다. 그는 민주적 리더십 자체가 어느 정도의 신뢰가 쌓여있음을 나타내는 것이라고 말했다. 그는 "또 다른 신뢰 구축 행동은 교실에 들어가 보는 것입니다. 나는 교사들을 평가하지 않습니다. 단지 오늘의 수업이 얼마나 좋은 것이었는지를 적을 뿐입니다. 또한 특별히 좋은 수업이 진행되고 있는 것을 보았을 때는, 말이나 글로써 특별히 그 부분을 강조해서 표현합니다."라고 덧붙여 설명했다.

토니는 핸디중학교의 이전 교장이 "육군 장교였고 독재적 행정을 펼쳤다"고 말했다. 토니는 시간이 지나면서 교사들이 토니의 새로운 민주적 리더십에 익숙해지고, 지금은 스스로가 존중받고 있다고 느낀다고 생각했다. 토니는 처음 이 학교에 온 날부터, 본인은 함께 일하는 것을 좋아하는 사람이라고 교사들에게 이야기 해왔다고 말했다. 토니는 교사들과 협력해 온 증거로써 그와 교사들이 함께 만들었던 사명 선언과 편람에 대해 이야기 했다. 또한 이들은 1993년 토니가 처음 부임했을 때 제기되었던 마약과 알코올 문제에 대해서도 토론했다.

토니는 매일매일 교실과 복도를 돌아본다고 말했다. 그는 교실을 방문하면, 교사들이 약속시간을 잡고 기다리지 않아도 그와 가까이 할 수 있고, 그에게 질문을 할 수도 있으며, 그가 잊어버린 일에 대해 상기시켜줄 수도 있고, 교사들이 마음에 품고 있는 문제에 대해 대화를 나눌 수도 있다고 말했다. 복도를 돌아다니면서 비공식적인 대화를 나눌 수 있다는 것이다. 토니는 자랑스럽게 말했다. "교사들은 수업 중에 내가 교실에 들어가는 것을 편안하게 생각합니다. 교사들은 내가 하루 종일 건물 안을 돌아다니고 있다는 것을 알고 있습니다. 따라서 소통을 하는 데 있어서 그 어떤 상징적인 장애물이 없습니다. 왜냐하면 거의 대부분 나는... 보시다시피, 눈에 보이기 때문입니다. 나는 지원해주는 사람입니다."

"나는 8학년 교실에서 학생의 권리에 관한 수업을 합니다. 따라서 교사들은 내가 수업을 하는 것을 볼 수 있습니다. 나는 학교조직에서 가장 궁극적인 신뢰란 교장도 처음에는 교사였다는 사실, 교장도 가르칠 수 있다는 사실, 진정으로 교사들과 공감하고 이야기할 수 있다는 사실을 교사들이 아는 것이라고 생각합니다. 나는 교사들과 같은 언어로 이야기 할 수 있고, 교사들의 일을 이해하고 있음을 보여줄 수 있습니다. 신뢰에 관해서 또 다른 부분이 있다면... 그것은 아마 내가 학생들을 안다는 것일 것입니다." 토니는 그가 학생들과 관계를 맺고 있다는 것은 교사들에게 교장 역시 그들과 같은 교사임을 보여주는 것이며, 이는 신뢰를 증명하는 것이라고 말했다.

❖ 교사들의 생각

"우리 학교 교장은 거의 대부분 민주적인 접근방식을 취합니다." 핸디중학교 교사가 말했다. "교장은 공동의 목적을 상정하고, 공동의 해결책을 생각해냅니다. 그리고 교사들을 가능한 한 많이 의사결정과정에 참여시킵니다. 나는 이것이 정말로 신뢰구축에 도움이 된다고 생각합니다." 그녀가 명확히 말했다. "맞습니다." 다른 교사가 말했다. "교장은 권력이나 통제와는 거리가 멀어요." 다른 교사가 끼어들었다. 교사들은 핸디중학교에는 협동적 분위기가 가득 차 있다는 데 동의했다. 교사들은 토니는 교사들의 일에 지지와 존중을 표할 뿐 아니라, 안건들을 제시하고 의견을 물음으로써, 교사들의 신뢰를 증진시킨다고 말했다.

학교 직원노조 대표인 한 교사는 교장이 이러한 민주적이고 지원적인 행동을 보인 상황들에 대해 이야기했다. "토니가 강경한 입장을 취했던 적이 있습니다. 후에 토니는 그렇게 강경한 입장을 취할 필요가 없었다는 것을 깨달았죠. 그 때 토니는 나에게 분명히 이야기 했습니다. 우리가 서로 의견이 다를 때가 있겠지만, 그것은 문제가 되지 않는다고 말입니다. 그가 강경한 입장을 취할 수도 있지만, 그는 나의 입장을 존중할 것이며, 나 또한 그의 입장을 존중해야 한다고 말했습니다. 토니는 이것은 개인적인 문제가 아니라고 말했습니다." 토니는 교사들은 전문가이며, 전문가로서 존중받는다고 말했다.

신뢰의 장벽이 무엇이냐는 질문에 교사들은 교장이 필요할 때 보이지 않는 것이라고 말했다. "교장이 필요할 때 없다면, 교장이 문을 잠그고 있기를 원한다면, 교장과 신뢰를 쌓을 기회가 별로 없을 것입니다." 토니는 스스로를 항상 눈에 보이는 교장이라고 표현했고, 이 교사가 말한 것은 토니와 같은 교장에게 해당되는 이야기가 아니었다. 한 교사는 교장이 교실에 들어와 보는 것에 대해 매우 좋게 생각한다고 말했다. 교장이 교실에 들어오는 것에 만족감을 표시하면서 그녀는 "교장이 교실에 들어오는 것이 너무 좋아요. 우리가 교실에서 어떻게 하는지 보고 싶다면 보여주고 싶습니다. 행정가나 다른 사람들이 내 수업을 참관하는 것이 즐겁습니다."라고 말했다. 다른 교사는 토니는 교실에 자주 들어오는 편이며, 교실에 들어옴으로써 교사들이 하는 일을 이해할 수 있기 때문에 교장의 이러한 행동은 중요하다고 말했다.

교사들은 교사의 말을 잘 들어주고, 자신의 약점을 드러낼 줄 아는 교장의 능력을 신뢰를 구축하는 행동이라고 말했다. "솔직하게 말해서, 잘 들어주는 교장이 신뢰 관계를 구축하는 교장이라고 생각합니다. 우리 교장은 본인이 세심한 사람이 아니라고 이야기 합니다. 그래서 우리는 교장을 계속해서 괴롭힙니다. 교장은 이를 받아들여, 즉 본인의 약점을 받아들이고 우리가 괴롭힐 수 있게 허락하는 것은 그가 교사들의 말을 잘 들어주는 하나의 방법입니다."라고 한 교사가 말했다. 다른 교사는 "교장은 신뢰할 수 없는 행동을 절대 하지 않습니다. 이전 교장은 말을 해 놓고서는 실천으로 옮기지 않았습니다. 지금 교장은 교사들에게 자신이 말한 것을 지키지 않으면 계속 상기시켜 달라고 말하곤 합니다."라고 말했다. 또 다른 교사는 토니가 스스로 말한 것을 잘 지키는 사람이라고 말했다.

교사들은 토니가 교사들의 전문성이나 사생활을 모두 존중한다고 말했다. 교사들은 토니가 스스로 고용한 사람들을 신뢰하며 교사들에 대한 확신을 가지고 있다고 인정했다. 교사들은 토니가 학교 문제에 대해 교사들의 참여를 유도함으로써 신뢰를 보여준다고 말했다.

서부중학교에서의 지원적 행동

❖ 교장의 생각

네이튼은 자신이 29년 동안 같은 지역 교육청 관내에 있었으며, 이것이 확고한 명성을 굳힐 수 있게 해주었다고 말했다. "사람들은 나에게 익숙하며, 내가 처음 이 학교에 올 때도 이미 나를 알고 있었습니다. 사람들은 내가 이 학교에 온다고 할 때 놀라지 않았고, 이것 또한 신뢰의 한 요인이라고 생각합니다. 사람들은 내가 어디에서 왔는지 알고, 내가 어떻게 일을 진행해 나갈지 알고 있습니다. 사람들은 뜻밖의 행동으로 놀라지 않습니다... 나는 가장 중요한 것이 일관성이라고 생각합니다." 네이튼은 그가 하기로 한 일을 완수해 내는 것이 교사들에게 신뢰할만한 행동으로 보였다고 생각했다. "내가 하겠다고 한 일을 하는 모습을 교사들에게 보여주는 것이 중요합니다. 이것은 매우 중요하죠." 네이튼과의 대화를 통해 그의 일관되고 믿음직한 행동이 교직원의 신뢰를 증진시켰다고 생각하게 되었다.

네이튼은 교직원들이 필요로 할 때 항상 옆에 있는 것에 대해 이야기 하면서 자랑스러워하는 것 같았다. 그는 이것이 바로 그와 교사 간 관계 구축을 도와주었던 지원적 신뢰구축 행동이라고 말했다. 네이튼은 매일 아침 동네 커피숍에서 본인을 찾을 수 있다고 자랑스럽게 말했다. 그는 교사들이나 학부모들이 그가 언제 어디에 있는지 알고 있기 때문에 언제든지 그를 만날 수 있다고 말했다. 네이튼은 자신을 언제든지 만날 수 있도록 함으로써, 교사들이 그에게 상의하고 기댈 수 있었다고 말했다. 네이튼은 "교사들은 아침 6시에는 그 커피숍으로 전화합니다... 교사들에게 집안 일이 생겼을 때, 교사들은 어디서 나를 찾을 수 있는지 알고 있습니다." 라고 말했다.

교사들의 사생활을 존중하고 있다는 것은 서부중학교 교장과의 대화 속에서 계속 느낄 수 있었다. 네이튼은 휴가를 받은 한 교사 때문에 교육감으로부터 전화를 받은 적이 있다고 말했다. 교육감은 네이튼이 그렇게 휴가를 허가해서는 안 된다고 말했다. 네이튼은 교육감에게 그 교사의 평소 출근부를 확인해본 뒤 다시 전화해 달라고 말했다고 한다. 네이튼은 그 교사는 수술을 받아야 했으며 수술 일정이 그 날 밖에는 마땅한 날이 없었다고 말했다. 네이튼은 우리 학교의 교사들은 결근율이 낮은 편이며, 그런 허가를 해 준 것은 사람으로서 교사들에 대한 관심과 배려를 보여주는 마땅한 처사였다고 생각한다고 보고했다. "결국 중요한 것은 교사들이 어떤 순간에 어떤 일을 겪고 있는지 이해한 상태에서 교사들을 대하는 것입니다. 교사들의 개인적인 삶 속에서 일어나고 있는 일은 교사들이 학교에서 학생들과 마주하면서 생기는 일만큼 중요하다고 생각합니다. 둘 중의 하나라도 정상적으로 돌아가지 않으면 일은 제대로 진행되지 않을 것입니다."

"교사들에게 공감을 표하는 것은 신뢰 구축 과정에 매우 필수적인 부분입니다." 네이튼이 말했다. "동시에, 각기 다른 상황에 있는 교직원들과 일하는 것은... 그들이 겪고 있는 일에 대해 공감을 할 수 있게 해 줍니다." 네이튼은 이러한 공감을 통해 교사의 사생활을 지원했던 실화를 이야기해 주었다. "교사들은 종종 내게로 와서 상담을 할 것입니다. 그러면 나는 '자기가정의 일도 제대로 보살피지 못한다면 어떻게 다른 가정의 아이들을 보살필 수 있겠습니까?' 라고 말할 것입니다."

네이튼은 그날 아침에 찾아왔던 교사에 대해 이야기 하였다. 이 교사는 주말 동안 있었던 일에 대해 네이튼에게 이야기 했는데, 이는 공감적 행동의 실례를 보여주었다. 네이튼은 "그 여교사는 지난 주에 집안 일로 어려움을 겪고 있었고 나는 그저 교실에 한 번 찾아갔습니다. 교사가 나에게 와서 '어떻게 해야 할까요?'라고 물었고 나는 '아무 것도 하지 않아도 됩니다. 이제 집에 가서 문제를 해결하세요. 내가 수업을 맡겠습니다. 나는 두 가지 일을 다 할 수 있어요. 나도 8학년 수학을 가르칠 수 있습니다'라고 말했습니다. 교사들이 겪고 있는 일에 대해 공감할 수 있어야 합니다. 교사들은 모두 자기만의 문제를 가지고 있어요. 교사들도 자식들이 있습니다. 모두 부모도 있고, 남편이나 아내도 있습니다... 우리는 교사들을 똑같은 인간으로서 대해야 합니다."

네이튼은 그가 일에 투자하는 시간에 대해서도 이야기했다. 학교와 가까운 곳에 살면서, 그는 종종 밤이나 주말에 학교에 나온다. "나는 투자하는 시간 역시 신뢰와 비례한다고 생각합니다. 사람들은 '시간을 투자하지 않으면서 학교의 일을 관리할 수 있어?'라고 의심할 수 있습니다. 또한, 늦게까지 일하고 주말에도 출근하는 것은 교사들과 함께 보내는 시간을 늘려주고, 문서작업을 할 시간을 벌게 해줍니다." 네이튼은 그가 서부중학교 인근에 살고 있고, 그 지역에서 좋은 명성을 쌓았다는 것에 대해 자랑스러워했다. 그는 종종 학교 주변에서 조깅을 하는데, 조깅을 하다가 교사들이나 학부모를 만나도 자연스럽게 아무 이야기나 나눌 수 있다는 것에 대해 즐겁게 이야기했다. "신뢰는 명성의 문제입니다. 나는 수년에 걸쳐서 이 지역 내에 있으면서 명성을 쌓아왔습니다." 네이튼은 열심히 일하는 모습을 교사들과 학부모들에게 보여주었던 것을 이야기하면서, 그의 헌신이 그와 교직원 간의 신뢰를 구축하게 해 준 요소라고 말했다.

❖ 교사들의 생각

"우리 교장은 본인도 인간이라고 이야기합니다." 서부중학교 교사들은 말했다. "우리는 교장선생님이 열심히 일하고 있다는 것을 알고 있습니다.... 그는 밤에도 학교에서 일하고, 회의에도 참석합니다. 교장선생님은 우리 학교, 우리 교사들, 우리 학교 학생들에게 관심을 가지고 있습니다. 우리 교장선생님은 우리에게 확신을 가지고 있으며 신뢰를 보여줍니다." 다른 여교사는 그 어떠한 문제를 가지고도 네이튼을 찾아갈 수 있으며, 교장은 자신에게 "적대적인 태도를 보이지 않을 것"일 뿐만 아니라, 확신을 보여줄 것이라고 말했다. 교사들은 네이튼을 우리와 마찬가지로 완벽하지 않은 인간이지만, 학교를 위해서 열심히 일하는 사람이라고 말했다. 교사들을 또한 교장이 일관적으로 행동하고, 교사들을 편애하거나 개별 교사에 대한 선입견을 갖지 않는 정직한 교장이라고 표현했다.

교사들은 신뢰 구축 행동에 대해 태도와 관련된 이야기를 했다. 교사들은 "신뢰를 구축하게 만드는 것은 나쁜 점만을 보는 부정적인 태도가 아닌 긍정적인 태도입니다."라고 말했다. 서부중학교 교사들은 그들을 몰래 감시하는 "스파이"와 같은 교장, 어깨너머로 교사들이 무엇을 하고 있는지 지켜보는 교장에 대한 두려움에 대해서 이야기 했다. 그들은 네이튼이 그런 교장이 아니고, 네이튼은 편파적이지 않고 개방적인 사람이라고 이야기했다.

한 교사가 학생이 네이튼에게 가서 교사에 대해 불만을 이야기하는 가설적인 상황을 예를 들어 이 개념을 보충 설명했다. 교사들은 이런 상황이 펼쳐지면 네이튼은 교사들에게 이 상황에 대해서 물어볼 것이라고 생각했다. 교사들은 네이튼이 위협적인 태도로 "학생들에게 무슨 짓을 한 것입니까?"라고 묻기 보다는 "무슨 일인지 말해보세요"라고 말할 것이라고 예측했다. 혹은 "위협적인 태도"와는 반대로 단순히 "무슨 일이예요?"라고 물을 것이라고 생각했다. 혹은 교장이 스스로 긍정적인 제안을 할지도 모른다고 생각했다.

서부중학교에서 교사들은 교장의 지지적인 행동, 신뢰를 구축하게 만든 행동이 무엇인지에 대해 분명히 말했다. 교사들은 "우리 교장선생님은 우리에게 관심을 가지고 있고, 교사들의 학교 밖 사정에 대해 알고 있으며, 우리가 어떤 사람인지 알고 있습니다… 교장선생님은 우리 교사들, 학생들, 학부모들, 학교에 관심을 갖고 행동합니다… 교장선생님은 우리의 목표를 알고 있습니다… 교장선생님은 프로그램을 지원합니다… 교장선생님은 교사들이 전문성을 개발하는데 도움이 되는 모든 활동에 참여할 수 있도록 허락합니다. 설령 그것이 지역교육청 체제 내에서 지원되는 것이 아닐지라도 말입니다. 그리고 교장이 교사를 개인적으로 알고 있고, 우리를 전문가로서 신뢰한다는 사실은 우리가 서로에게 더 다가갈 수 있게 해줍니다." 교사들이 잘한 일에 대해서 공식적으로 칭찬하는 것 또한 지원적인 교장의 행동으로 지적되었다. 이는 교장이 교사들의 전문성을 인정하고 있음을 보여주는 행위이기 때문이다.

교사들은 네이튼이 건설적인 평가를 하고, 어려운 문제를 해결할 수 있는 여러 방법들을 제안한다고 말했다. 교장이 교사를 인간으로서, 전문가로서 배려하고 존중하고 인정하고 있음을 보여주는 교장의 칭찬 쪽지에 대해 교사들은 이야기 했다. 교사들을 지지하고 있음을 보여주는 이러한 지표들은 서부중학교의 신뢰 구축 과정의 많은 부분을 설명했다. 교사들은 "우리 교장선생님은 우리가 무엇인가를 요구하거나 제안하거나 시도할 때, 우리가 학생, 학부모, 학교를 위해서 일하고 있다는 것에 대해 의심하지 않습니다."라고 말했다.

교사들은 그 동안 학교운영위원회와 교육감이 교사들의 전문성을 인정하지 않았다고 이야기했다. 그러므로 교장의 인정은 이들 교사들에게 많은 것을 의미했다. 이것은 교장이 교사들을 신뢰한다는 것을 의미하는 것이다.

다음 장에서는 교장과 교사들의 신뢰와 신뢰를 증진하는 방법에 대해 더욱 자세히 살펴볼 것이다.

제 4 장

교장-교사의 신뢰에 대한 생각 알기

신뢰의 의미에 대한 생각
신뢰를 쌓는 행위, 실천, 규정

제 4 장
교장-교사의 신뢰에 대한 생각 알기

〈표 1〉은 실제로 세 학교에서 근무하는 사람들이 학교에서의 신뢰의 의미에 대해 이야기 한 것들을 정리한 것이다. 공통되는 응답은 굵은 글씨로 표시하였다. 이 표를 통해 교장과 교사들이 생각하는 신뢰의 의미가 다르다는 것을 알 수 있다. 교장들의 의견에서는 신뢰의 몇 가지 요소가 공통적으로 나타났다. 교장들은 상호간 신뢰를 본인들이 말한 것을 그대로 실천하는 것, 교직원들과 같은 믿음을 갖는 것이라고 인식했다. 교사들은 정직함을 상호간 신뢰의 한 요소로 지적하였으며, 이 점에서는 교장들과 의견이 일치했다. 교사들은 이외에도 "확신을 유지하는 것"이라는 새로운 요소를 덧붙였다.

신뢰의 의미는 다양하게 나타났고, 학교의 상황에 따라서 다르게 나타났다. 종종 신뢰는 교장이 행하는 행동으로 묘사되었다. 교장과 교사들은 신뢰를 행동과 관련해서 이야기했는데, 이는 신뢰가 그들에게 의미를 갖기 위해서는 무언가 실질적인 것을 보고, 느끼고, 실천해야 할 필요가 있기 때문인 것으로 보인다.

〈표 1〉 세 학교에서의 신뢰의 의미

학교	명랑중학교	핸디중학교	서부중학교
교장	1. **언행일치** 2. **정직함** 3. **같은 믿음 공유** 4. 교사들이 교장을 기본적으로 신뢰한다고 믿음 5. 긍정적인 태도와 직관	1. **언행일치** 2. **정직함** 3. 일을 끝까지 완수 4. 모르는 것 인정하기 5. 교사들과의 관계 발전시키고 유지하기 6. 비공식적 대화	1. **교사들이 예상치 못한 행동하지 않기** 2. **열린, 자유로운 대화** 3. **같은 믿음 공유** 4. 능동적인 청중이 되기 5. 교사들이 문제가 있을 때 나를 찾아올 수 있다는 믿음을 갖게 하기 6. 공감하기
교사	1. 상호 **정직함** 2. **기밀 유지** 3. **교사에 대한 인정** 4. 공정성 5. 존경 6. 일을 끝까지 완수 7. 상호 관심	1. **정직함**과 열려있음 2. **교장에 대한 믿음** 3. **기대에 대해 소통하기** 4. **교사에 대한 확신을 보여주기** 5. 약점 보여주기 6. 신뢰받고 있다는 느낌	1. **교장이 교사들이 원하는 정보를 제공하기** 2. **교장에 대한 믿음** 3. 공감하기 4. 경청하는 교장

신뢰의 의미에 관한 교장 및 교사들과의 대화를 통해 다음과 같은 사항을 알 수 있었다.

1. 세 학교 모두 교사들은 신뢰가 확신을 유지하는 것을 의미한다고 말했다.
2. 세 학교 모두 교장들은 교장의 진실함 혹은 정직함을 신뢰의 한 요소로 꼽았다.
3. 모든 세 학교의 교장과 교사들은, 각 학교 맥락 내 신뢰의 의미에 대해서 이야기하면서, 적어도 한 가지의 공통되는 의견을 제시했다. 명랑중학교에서는 정직이, 핸디중학교에서는 정

직과 소통이, 서부중학교에서는 믿음직함/신뢰와 소통이 공통된 요소로 나타났다.

신뢰의 의미가 학교의 맥락에 따라 다르게 나타났음에도 불구하고, 세 명의 교장 모두 신뢰의 의미를 이야기함에 있어 교장과 교사 간 일대일 관계를 가장 기본적인 요소로 믿고 있었다. 상호간의 신뢰는 교장의 믿음직함/신뢰, 일관성, 하기로 한 일을 끝까지 완수해내는 언행일치를 바탕으로 한다. 이들이 학교에서 경험한 내용을 바탕으로 설명하고 있는 신뢰의 의미를 살펴보자.

신뢰의 의미에 대한 생각

❖ 믿음직함/신뢰할 수 있음

서부중학교 교장 네이튼과 서부중학교 교사들은 신뢰의 의미 중 한 요소로 믿음직함(신뢰할 수 있음)을 꼽았다. 네이튼은 "나는 교사들이 예상치 못한 행동을 하지 않습니다. 교사들은 나의 행동을 보고 놀라지 않습니다. 나는 그것이 신뢰의 한 요소라고 생각합니다. 교사들은 내가 무엇을 하고 있는지 잘 알고 있습니다."라고 말했다. 네이튼의 29년 교직경험을 토대로 볼 때, 믿음직함/신뢰할 수 있음은 항상성, 영구성을 의미한다고 볼 수 있다.

서부중학교에서 나타난 또 다른 형태의 신뢰의 의미 또한, 한 교사가 이야기 한 바와 같이, 믿음직함(신뢰할 수 있음)으로서의 신뢰였다. 상호간의 신뢰에 대해 이야기 하면서, 이 교사는 서부중학교 교장에 대해 언급했다. 이 교사는, "나는 우리 교장선생님이 일관성, 영구성을 갖는 것이 중요하다고 생각합니다. 지금 알고 있는 것이 변하지 않는다는 것이죠."라고 말했다.

서부중학교 교사들은 학교 위원회도, 교육감도 그들을 존중하지 않는다고 말했다. 결과적으로, 교사들은 교사들의 지위가 안정적으로 느껴지지 않는다고 했다. 이러한 불안감이 교장으로부터의 지지에 대한 의존도를 높인 것이라는 생각이 들었다.

신뢰의 한 요소로서 믿음직함(신뢰할 수 있음)은, 명랑중학교나 핸디중학교에서는 서부중학교에서 만큼은 중요하게 인식되지 않았다. 새롭게 혁신된 이 두 중학교의 교장과 교사들은 상호 신뢰를 정직함, 진실함, 서로서로에 대한 직관적, 긍정적 태도와 관련해서 묘사하는 데 더 치중하였다. 더 많은 자원을 갖는 것은 직업에 대한 안정감이 높아짐을 의미하며, 이는 상호간의 신뢰에도 영향을 미쳤다.

핸디중학교와 명랑중학교의 교사들과 이야기하면서 내가 발견한 사항은 이들 교사들이 서부중학교 교사들과는 달리, 모두가 단체의 장을 맡고 있는 리더교사였다는 점이다. 이들은 모두 부장, 팀장, 교원단체 대표이거나 전국교사위원회(national teacher board) 인증을 받은 사람들이었다. 이 교사들은 스스로가 존중받고 있고 자신의 직업이 안정적이라고 느꼈다. 그렇기 때문에 이들은 서부중학교 교사들처럼 교장으로부터의 많은 지지를 필요로 하지 않았던 것이다. 이러한 긍정적인 감정은 신뢰에 대한 인식에도 영향을 미쳤다.

핸디중학교 교사들은 신뢰를 다음과 같이 설명하고 있다. "신뢰에 대해서 말하라고 한다면, 직관적인 것이라고 말하겠습니다. 우리는 누군가에게 감시를 받아본 적이 없습니다." 이들은 자율성을 경험했고, 토니는 교사들을 감시하지 않았다. 이와 같은 모습은 명랑중학교 교장과 교사들에게서도 동일하게 발견되었다.

❖ 일관성과 일을 끝까지 완수하는 언행일치

일관성과 언행일치는 세 학교 모두에서 상호 신뢰의 한 요소로 나타났다. 교장의 행동은 세 학교 모두에서 신뢰의 의미를 구축하는데 큰 역할을 했다. 서부중학교 교장 네이튼은 상호 신뢰의 한 부분으로써 공감하기와 능동적으로 듣기를 강조했다. 그는 교사들이 무언가 이야기 할 때마다, 설사 개인적인 문제에 관한 것일지라도, 일관되게 반응한다고 말했다. 네이튼은 교사들이 그가 일관되고 능동적으로 들어주기를 원하는 것을 알고 있었다. 그는 이러한 행동을 통해 교직원들이 교장에 대해 확신을 갖게 되며 이러한 확신이 신뢰의 한 부분이 된다고 말했다. 서부중학교 교사들은 "신뢰는 교장과 소통하는 것이라고 생각합니다…. 경청이 신뢰의 한 부분이라고 생각합니다. 우리 교장선생님은 우리 모두의 말을 들으려고 매우 노력합니다."라고 말했다. 네이튼은 신뢰는 교사들이 언제든지 그를 찾아와서 무엇이든지 이야기 할 수 있다는 믿음이며, 그는 언제든지 공감하면서 교사들의 이야기를 들을 것이라고 했다. 즉, 서부중학교에서의 신뢰는 하나의 행위로서 인식되었다.

서부중학교에서 나타난 다른 형태의 일관성은 교장 네이튼의 장기적인 명성이었다. 네이튼은 서부중학교 교장이 되기 이전에도 같은 지역에서 고등학교 교감으로 있었기 때문에, 이 지역에 대해 29년 동안 알아왔다고 자랑하듯 말했다. 그는 이 지역에서 오랜 시간을 지내면서 학교 지도자로서, 그리고 지역 거주자로서 명성을 쌓아왔다고 말했다. 지역의 일원으로서 오랜 세월을 보내면서,

네이튼은 교사들과 같은 믿음을 공유하게 되었다. 그는 이러한 공통된 믿음이 실제로 신뢰의 한 부분을 구성한다고 말했다.

네이튼과 유사하게, 명랑중학교의 교장 또한 신뢰를 일관되게 같은 믿음이나 정보를 공유하면서 교직원들과의 관계를 고무시키는 것이라고 생각했다. 또 신뢰는 교사들이 필요로 할 때마다 교장과 소통할 수 있고, 교장이 교직원들에 대한 확신과 믿음을 보여주는 것이라고 했다. 명랑중학교 교사들은 교장이 무엇에 대해 확실하지 않을 때마다 교직원들을 찾아와 의견을 묻는 것에 대한 만족을 표현했다.

핸디중학교 교장 토니는 교직원들과 비공식적으로 이야기 할 수 있는 관계를 만들고, 이러한 관계를 지속시키는 것을 신뢰의 한 부분이라고 강조했다. 핸디중학교 교사들은 이러한 일관적이고, 비공식적인 대화가 신뢰의 한 요소로서 작용한다는 것에 동의했다.

이 모든 세 학교에서, 교사들은 교장이 그들을 신뢰하고 중요하게 여긴다고 느꼈다. 교장은 교직원과 교사들의 전문성에 대해 확신을 가지고 있음을 표현하였다.

신뢰를 쌓는 행위, 실천, 규정

내가 만난 교장들과 교사들은 학교 내에서 신뢰를 구축하게 하는 요소로 교장의 몇 가지 행동들을 지적하였다. 〈표 2〉는 이들 교장들과 교사들이 꼽은 신뢰를 구축하는 교장의 행동들을 정리한 것이다. 표를 통해 알 수 있듯, 신뢰를 강화시키는 교장의 행동으로 가장 빈번하게 언급되고 있는 것은 갈등을 직면하는 것, 약점을 보여주는 것, 항상 찾아갈 수 있는 것이었음을 알 수 있다. 세 학교 교장들이 생각하는 가장 중요한 신뢰구축 행동은 소통과 지원을 통해서 교사들과 일대일 관계를 구축하고 유지시키는 것 등이었다.

세 학교의 교장들과 교사들의 사례는 신뢰 관계를 구축하기 위해 교장은 교사들을 지지하고, 그들과 소통해야함을 보여준다. 교장들과 교사들은 소통이나 지지를 나타내는 특정 행동 유형은 현재 학교의 맥락이나 전임 교장 재임시절 학교의 상황에 따라 다양하게 나타난다고 말했다.

대화를 통해서 가장 빈번하게 지적되는 교장의 신뢰 구축 행동은 갈등에 직면하는 것임을 알 수 있었다. 교장과 교사들은 학교의 문제들을 교사들에게 공개하고 교사들이 그에 대한 의견을 제시할 수 있게 하는 교장의 행동 또한 가치가 있다고 말했다. 교장들은 소통을 통해서 교직원들과 신뢰 관계를 구축하고 유지시켜왔다고 말했다. 이제 어떻게 교장들이 갈등을 해결해나가고 일대일 관계를 구축해왔는지 살펴보자.

❖ 갈등 직면하기

"중간 관리자로서, 나는 매일 갈등의 한 가운데 있습니다... 나는 항상 해결책을 찾으려고 노력하고 있습니다. 갈등 관리는 신뢰 구축에 있어 매우 중요한 부분입니다." 명랑중학교 교장 브래드는 말했다. 브래드는 "문제가 생겼어요. 도와줄 수 있으세요?"라는 말을 자주 듣는다고 했다. 갈등은 학부모와 교사 간, 학생과 교사 간, 직원 간에서 일어난다고 브래드는 말했다. 브래드는 본인이 교장이기 때문에 사람들이 자신을 갈등 해결자로 여긴다고 느꼈다. 소통에 중점을 두고, 그는 갈등을 해결하는 데 있어 문제를 말로 풀어내는 것부터 시작한다.

서부중학교 교장 네이튼은 그가 교사들과 맞서야 했던 상황, 즉 교사들의 의견을 듣긴 하겠지만, 결정은 스스로 내릴 것이라고 말해야했던 두 가지 상황을 회상했다. 네이튼은 한 교사에게, "슬픈 이야기이지만, 결정은 내가 하겠습니다."라고 말했다. 교사들은 교장이 "항상 본인 마음대로 한다"고 느꼈기 때문에, 교장의 이러한 의견에 불만을 표했다. 그럼에도 교사들은 교장이 본인의 의견을 들었다는 것은 인정했다. 네이튼은 교직원들과 일대일 관계를 쌓기 위해, 교사들과 열린 대화를 하고, 교사들과 대화를 나눌 때 자신의 약점을 드러낸다고 말했다. 그는 교사들에게 "안타깝군요. 무슨 말이죠? 내가 그렇게 완고한가요?"라고 물었다. 서부중학교 교사들은 교장이 열린 태도를 갖는 것과 자신의 실수를 받아들이려고 하는 것이 갈등 해결에 도움이 되는 신뢰 구축 행동이라고 정의하였다.

핸디중학교에서도, 때때로 갈등을 해결해나가는 과정에 나타나기도 하는, 열린 대화는 교장의 신뢰 구축 행동으로 정의되었다. 학교 개선 문제에 있어서 핸디중학교 교장 토니는 "사람들은 교장실에서 일대일 대화를 나눌 때, 조금은 지나치게 비판적인 태도를 보였습니다."라고 말했다. 그는 이런 교사들과 정면으로 맞섰고, 교사들에게 그가 어떻게 이 문제들을 해결해 나가려고 하는지 설명했다. 그는 신뢰를 구축하는 데 있어 갈등을 직면하는 것, 교사들과 대면하고 직접 대화를 나누는 것이 메모를 전달하는 것보다 더 효과적이라고 생각했다. 토니는 실제로 건물 개선 과정에서 자신이 그러했던 것처럼, 중간관리자로서의 본인의 역할을 교사들에게 명확히 함으로써 교직원들이 왜 특정한 문제들이 일어났는지 받아들일 수 있게 하는 것이 중요하다고 말했다. 토니는 이러한 열린, 비공식적인 대화가 잠재적인 갈등을 방지한다고 말했다.

〈표 2〉 공통적으로 확인된 학교 내 신뢰구축행동

정보 제공자	행위 (Behaviors)	실천 (Practices)	규정 (Policies)
명랑 중학교 교장과 교사	1. 갈등 직면하기 2. 교사들의 눈에 보이기 3. 교사들이 필요로 할 때 항상 곁에 있기 4. 열심히 일하기	1. 약점 보이기 2. 언행일치 3. 확신 유지하기 4. 교사를 개인적으로, 전문적으로 존중하기	
핸디 중학교 교장과 교사	1. 갈등 직면하기 2. 교사들의 눈에 보이기 3. 교사들이 필요로 할 때 항상 곁에 있기	1. 약점 보이기 2. 민주적으로 지도하기 3. 교사들에게 지속적으로 정보 제공하기 4. 교사의 전문성에 대한 존중 표하기 5. 열린 대화 유지하기	
서부 중학교 교장과 교사	1. 대화로서 갈등 직면하기 2. 교사들이 필요로 할 때 항상 곁에 있기 3. 열심히 일하기 4. 일관되기 5. 반응하기	1. 약점 보이기	1. 교사의 잘한 일을 칭찬하는 쪽지 쓰기 2. 적극적으로 듣기

❖ 일대일 관계 쌓기

토니는 내가 만난 세 명의 교장 중 학교에서 상호간의 신뢰를 구축하게 하는 행동이나 관습을 가장 많이 이야기했다. 토니가 핸디중학교에 온 1993년 전후의 핸디중학교 맥락을 놓고 볼 때, 핸디중학교는 교사들이 협동적으로 일하고, 의견의 일치를 이룰 수 있게 하는 여러 제도들이 필요해 보였다.

핸디중학교에 처음 왔을 때, 토니는 교사들과 일대일로 만나면서 어떻게 그가 교사들의 참여를 이끌어 낼 것인지 설명했다. 그의 계획은 학교의 문제들을 공개하고 토론하는 것이었다. 토니 본인은 학교 내 어디에서든지 만날 수 있을 것이며 비공식적인 대화를 나눌 수 있을 것이라고 말했다. 이전 교장은 자주 대면할 기회가 없었기 때문에, 경험이 많은 교사들은 토니의 이러한 민주적 리더십 스타일에 익숙하지 않았다. 토니는 여러 차례, 교사들이 학교 문제에 대한 자신들의 의견을 내기를 기대하고 있음을 설명하였고, 교사들에게 의견 일치를 만들어내는 방법을 가르쳤다.

핸디중학교 교사들은 "우리 교장선생님은 문제를 공개하고 우리가 어떻게 이 문제를 함께 풀어나갈 수 있는지 물어봅니다."라고 말했다. 이것은 교사들과의 일대일 대화를 토대로 교사들과의 의견 일치를 이루는데 집중하는 토니의 능력 덕분에 이루어질 수 있었던 것이다. 그는 또한 항상 교사들의 눈에 보이고, 교사들과 대화 나눌 수 있는 것, 적시에 정확한 정보를 교사들에게 제공하는 것, 본인이 잊었거나 모르는 일이 있을 때는 숨기지 않고 본인의 약점을 보여주는 것, 교사들에게 피드백을 구하는 것, 교사들이 잘한 일은 칭찬하는 것 등의 행동에 집중하였다.

한 교사는 처음 핸디중학교에 왔을 때, 토니가 일대일 대화를 위해 교장실로 불렀다고 말했다. "우리가 서로 의견이 다를 때가 있을 것이지만, 그것은 문제가 되지 않는다고 말했습니다. 그가 강경한 입장을 취할 수도 있지만, 그는 나의 입장을 존중할 것이며, 나 또한 그렇게 그의 입장을 존중해야 한다고 말했습니다. 토니는 이것은 개인적인 문제가 아니라고 말했습니다. 그리고 우리는 전문가들이며, 서로를 존중해야 한다고 말했습니다."

토니와의 대화를 통해서, 그의 민주적 리더십과 교사들과의 일대일 대화를 유지하는 관습이 토니와 교직원 간 신뢰를 유지하는데 매우 중요했음을 알 수 있었다. 토니가 그의 위치에서 할 수 있는 일이나 할 수 없는 일에 대해서 교사들에게 이야기 하면, 교사들은 토니가 교사들을 위해서 열심히 일하고자 한다는 사실을 더 잘 이해하게 되며, 교사들은 교장 위치의 한계에 대해서도 이해하게 된다고 말했다. 이러한 유형의 대화는 의사소통을 지속시킬 수 있게 해주며, 신뢰를 증진시킬 수 있게 해주었을 것이다. 명랑중학교 교장 브래드와 같이, 토니는 교직원들이 자신에게 말한 것을 반드시 지키도록 각인시켜줄 필요가 있다고 말했다. 토니는 이와 같이 자신의 약점과 정직함을 드러냄으로써 교직원들과 신뢰를 증진시키고 있다고 결론지었다.

브래드와 토니는 모두 개별적으로 직접 대면해서 하는 대화가 신뢰를 구축하는 효과적인 방법이라고 말했다. 브래드는 교사들과 대화를 나누기 위해서 학교를 돌아다니는 것의 어려움에 대해서 말했다. 그러나 브래드는 그가 교사들에게 기대하는 것이 무엇인지, 그의 목표와 믿음이 무엇인지를 교사들과 이야기하고, 그가 하겠다고 한 일을 실제로 진행해왔다고 말했다. 브래드는 이것이 바로 그의 신뢰구축행동이라고 말했다.

토니와 같이, 브래드는 쪽지를 적는 것을 자제했다. 브래드는 과거에 본인이 다른 학교에 교장으로 있을 때, 종이쪽지가 오해를 불러일으키기도 했다고 말했다. 명랑중학교는 전자통신 기기들이 매우 뛰어나기 때문에 브래드는 전자통신을 이용해서 매일매일 교직원들과 소통한다. 토니와 유사하게 브래드 또한 항상 문을 열어

두는 것, 갈등에 직면하는 것, 항상 눈에 보이고 대화할 수 있도록 하는 것, 하기로 한 일을 반드시 지키고 해내는 것, 잘한 일은 칭찬하는 것, 약점을 내 보이는 것 모두가 신뢰 구축 행동이라고 느끼고 있었다.

브래드는 가능한 한 많은 교사들과 개별적으로 의사소통하는 것이 그의 학교에서 가장 중요한 신뢰 구축 행동이라고 말했다. 오랫동안 기술 설비 부장이었던 브래드는 교사들과 일대일 관계를 구축하는 동시에, 교사들에게 적시에, 정확하고 좋은 정보를 제공하는 것이 신뢰를 구축하는 방법이라고 생각했다. 처음 명랑중학교에 교장으로 왔을 때 브래드는 교직원들 중에서 핵심인물이라고 여겨지는 사람들을 찾아냈다. 개별 교사들과 나누었던 일대일 대화를 통해서 브래드는 학교에 대한 정보를 알아냈다.

명랑중학교 교사 중 한 명은 2년 반 전 브래드가 처음 교장으로 왔을 때, 학교의 분위기가 매우 안 좋았다고 말했다. 몇몇 교사들은 브래드 이전 교장은 "교직원과 함께 일하는 것에 대한 부정적인 시각"을 가지고 있었다고 말했다. 한 교사는 브래드의 신뢰 구축 행동 중에는 "모든 교사들에게 공정하고, 모든 교사들의 참여를 유도하며, 확신을 유지하고, 개방적이며 유연한 것" 등이 있다고 말했다. 명랑중학교 교사들은 브래드에 의해 지지를 받고 있다는 느낌을 중시했다. 이 개념은 그들의 교장이 생각하는 신뢰 구축 행동을 다시 한 번 확인시켜 주는 것이었다.

서부중학교 교사들과 교장은 능동적으로 듣는 것을 교사들과의 일대일 신뢰 관계를 구축하는 가장 효과적인 방법이라고 말했다. 무슨 문제에 관한 것이든지 항상 잘 들어주는 교장을 가진 서부중학교 교사들은, 언제든지 무엇이든지 네이튼 교장에게 상의할 수 있고, 교장이 교사들에 대해 적대적인 태도를 취하지 않는다는 것에 대해 자랑스럽게 이야기했다. 비록 교사들이 때때로 교장에게 상기시켜주어야 할 필요가 있을 때도 있지만, 교장이 그들에게 일관되게 반응하고, 그들의 개인적인 문제나 전문적인 문제 모두에 관심을 가져주며, 하기로 한 일을 해내는 사람이라고 확신했다. 이 점은 내가 서부중학교를 방문했던 그 날도 확인할 수 있었다. 한 교사가 네이튼의 교장실에 와서는, 긴급한 문제로 집에서 연락이 왔을 때, 본인의 수업을 맡아준 것에 대해서 감사하는 마음을 전했던 것을 기억한다.

서부중학교 교사들은 그들이 생각하는 교장의 지원적 유형의 신뢰 구축 행동에 대해 자발적으로 이야기 해 주었다. 네이튼은 학교 가까운 곳에 살고 있고, 오랜 세월 동안 지역 커뮤니티와 연계되어있었다. 이런 상황적 특징은 그가 브래드나 토니에 비해 쉽게 신뢰를 구축할 수 있도록 해주었다. 서부중학교 교사들이 정의한 네이튼 교장의 지원적 행동은 다음과 같다. "우리 교장선생님은 우리에게 관심을 가지고 있고, 교사들의 학교 밖 사정에 대해 알고 있으며, 우리가 어떤 사람인지 알고 있습니다…. 교장선생님은 우리 교사들, 학생들, 학부모들, 학교에 관심을 갖고 행동합니다…. 교장선생님은 우리의 목표를 알고 있습니다… 교장선생님은 프로그램을 지원합니다…. 교장선생님은 교사들이 지속적으로 전문성을 개발할 수 있도록 도와주는 모든 활동에 참여할 수 있도록 허락합니다. 설령 그것이 학교 체제 내에서 지원되는 것이 아닐지라도 말입니다. 그리고 교장선생님이 우리를 사적으로 알고 있고, 우리를 전문가로서 신뢰한다는 사실은 우리가 서로에게 더 다가갈 수 있게 해줍니다."

교장 및 교사와의 면담을 통해, 교장은 교육지도자로서의 역할 뿐만 아니라, 갈등을 직면할 수 있을 만큼 강해야 하고, 교사들의 말을 들어줄 수 있는 대인관계 기술을 갖추고 있어야 하며, 교사에 대한 믿음을 유지하고, 교사들의 전문성과 사생활을 존중함으로써 교사들의 동기를 유발하고 용기를 북돋아 줄 수 있는 사람이어야 한다는 것을 알 수 있었다.

5장에서는 이러한 행동들이 현재 혹은 미래의 교장, 교사, 또 다른 학교 지도자들에게 주는 의의에 대해서 논의할 것이다.

제 5 장

학교경영자에게 주는 실제적 의의

실제적 의의
교장 임용 과정
교장 연수 프로그램에의 의의

제 5 장
학교경영자에게 주는 실제적 의의

교사들과의 면담을 통해 몇 가지 흥미로운 점을 발견하였다. 그 중 한 가지는 학교 내에서 리더역할을 하고 있는 교사들은 고용에 대한 안정감을 가지고 있으며, 동료교사들이 그를 존중한다고 느낀다는 점이다. 이들이 느끼는 자아존중감은 신뢰에 대한 생각에도 영향을 미쳤다. 이러한 교사들은 교장으로부터의 지지를 그다지 많이 필요로 하지 않았다. 이들에게는 교장의 믿음직함(신뢰할 수 있음)은 비교적 덜 중요한 신뢰의 요소로 여겨졌다. 결과적으로 교장의 지원적인 행동이 적은 것이 신뢰를 구축하는데 도움이 되는 것으로 여겨졌다. 이러한 학교에서의 신뢰는 암묵적인 것이었으며, 교장과 교사들의 긍정적인 태도나 직관을 통해서 구축되는 것이었다.

반면에, 존중받고 있다고 느끼지 못하는 교사들은 신뢰를 드러낼 수 있는 교장의 가시적인 소통이나 지원적 행동을 필요로 했다. 많은 교사들이 이와 같이 느끼고 있는 것 같았다. 결과적으로, 어느 정도 소통이나 지원적 행동을 하는 것은 유용한 것으로 나타났다.

교장들과 교사들에게 받은 피드백에 근거하여 교직원의 신뢰를 이끌어내는 지도자의 행동 지침을 만들어보았다. 여기서는 이러한 지도자의 특정 행동들을 "신뢰증진기제(trust enhancers)"라고 명하였다. 〈표 3〉에서는 신뢰증진기제 목록을 보기 쉽게 하기 위해서, 신뢰 증진 행동들을 지원적 행동과 소통적 행동으로 나누어보았다. 가장 빈번하게 언급되었던 지도자 행동은 갈등을 직면하는 것과 확신을 유지하는 것이었다. 이 두 가지 행동은 굵은 글씨로 표시하였다.

〈표 3〉 교장의 신뢰증진기제

지원적 행동	소통적 행동
1. **확신을 유지하기** 2. 모든 교사를 공정하게 대하기 3. 일관되게 반응하기 4. 언행일치 보여주기 5. 교사들의 참여를 유도하기 6. 교사들이 잘한 일을 인정하고 칭찬하기 7. 믿음직한 사람이 되기 8. 민주적으로 지도하기 9. 교사의 의견을 존중하기 10. 교사의 사생활도 고려하고 배려하기 11. 교사의 전문성을 존중하기 12. 실수를 기꺼이 인정하기	1. **갈등을 직면하고**, 해결하도록 노력하기 2. 적시에 정확한 정보를 제공하기 3. 목표와 기대를 명확히 하기 4. 공감하고, 능동적으로 듣기 5. 비공식적인 대화를 할 수 있도록 교사들의 눈에 보이기 6. 문 열기 방침을 유지하기 7. 회의를 계획하기 8. 의사결정을 공유하기

이러한 행동이나 리더십은 교장-교사 간 일대일 관계를 구축하는 핵심이며, 학교 내 신뢰를 증진시키는 가장 필수적인 요소이다.

실제적 의의

신뢰는 일종의 지렛대 역할을 한다. 신뢰는 교장이 교직원들과 일대일 관계를 쌓고 지속시키는 기반이다. 특히 교장이 새로운 학교에 처음 왔을 때나, 학교에 새로 온 교사들이 많을 때는 더욱 그러하다. 새로운 환경 혹은 스트레스가 많은 상황에서의 초기 행동들은 대부분 무언가를 찾거나, 시험하거나, 신뢰감이나 불신감을 느끼는 것들로 구성된다. 신입 교사들과의 최근 인터뷰를 통해서, 행정가들로부터의 지지가 부족한 것이 교직을 시작한지 5년 이내에 직업을 그만두게 되는 이유 중 하나라는 사실을 알 수 있었다. 교장에게 변화를 요구하기 이전에 관계를 쌓을 시간을 주어야 한다. 그렇지 않다면 어떻게 교장들이 확신을 유지하거나, 갈등을 해결해 나가는 것과 같은 신뢰증진기제들을 실천해갈 수 있겠는가?

현재 뉴욕시의 교육감인 아처(J. Archer)는 학교장 "성적표"를 발행함으로써 뉴욕 시내의 학교들이 좀 더 책무를 다할 수 있도록 운영하고 있다. 학교장에 대한 수행평가는 학생들의 시험성적이나 출석률에 초점을 두고 있다. 이 수행평가 결과는 교장의 직무 평가에도 사용된다. 그러나 이 성적표에 대해서는 "여러 학교가 직면한 다양한 문제들을 반영하지 못하고 있다"는 비판도 있다(Archer, 2003, p. 4). 이 성적표는 또한 상호간 신뢰를 증진시키려는 교장의 노력, 이를 통해 긍정적으로 학교를 개선하려는 교장의 노력을 고려하지 못하고 있다. 교장들과 교사들은 한 팀이 될 필요가 있으며, 학생들의 성취도를 높이기 위해 함께 노력해야 한다. 교장-교사 간의 관계에 대해서 알지 못하는 상황에서 학생들의 시험 성적을 측정한다는 것은 부적절한 것으로 보인다. 학교 개선은 학교 상황에 따라 다르게 나타나는 것이며, 학교의 지도자가 어떻게 교직원들과 협동하여 학생의 성취도를 높일 수 있도록 단결시키느냐에 달려있는 것이다.

현재 중간 관리자로서 학생들의 성취도에 대한 책임을 맡고 있는 공립학교 교장들은 많지만, 사실 공립학교 교장들은 그에 합당한 권한을 가지고 있지 않다. 중간 관리자로서 교장들의 손은 교육감에게 묶여 있는 것이다. 교육감은 일선학교 교장들이 예산을 잘 활용하여 학생들의 학업성취도를 극대화 시킬 수 있음을 신뢰해야한다. 스스로 교육예산을 할당할 수 있는 권한이 없는 한, 교장들은 학교를 개선하는 데 있어 어려움을 겪을 것이다. 교사들은 교직원들의 신뢰를 굳히는 데 있어 가장 큰 장벽은 중간 관리자로서의 교장의 역할이라고 말했다. 교사들은 교장이 학교 예산 관리를 포함하여, 단위학교 경영을 해야 한다고 말했다.

학교 예산 관리 이외에도, 교장들은 교육감의 승인 없이 각 학교의 교사들을 스스로 채용할 수 있어야 한다. 교장과 교사들은 어떤 교사가 그들의 학교 문화에 적합하고, 어떤 교사가 그들과 함께 일을 잘 할 수 있는지 알고 있다.

어떤 지역에서는 교육감이 교장에게 교사 채용 및 단위학교 예산 결정 권한을 위임하기도 한다. 나는 이런 학교를 연구하였고, 교장과 교직원들이 권한 이임을 받는 것에 대해 어떻게 느끼는지 지켜보아 왔다. 이들은 본인이 신뢰받고 있으며 존중받고 있다고 느끼며, 협동적으로 의사결정을 하고, 최대한 의견의 일치를 이루기 위해 노력한다. 의사결정은 학생들의 요구에 근거한다. 이러한 학교에서는 암묵적인 신뢰가 복도나 교실, 도서관, 교사 휴게실 등에 충만하였다.

진정한 교직원의 신뢰 문화가 발견되는 곳은 바로 교사 휴게실이다. 이런 학교에서 근무하는 교사들은 교사 휴게실에서 수업 설계 전략을 공유하고, 실패했던 수업 계획을 공유하며, 대표 수업에 대해 토론하고, 학생들의 학업성취를 향상시키기 위한 아이디어를 제시하는 데 노력을 아끼지 않는다. 이런 학교에서는 교장도 교사 휴게실에 들어갈 수 있으며, 함께 토론을 할 수도 있다.

교장 임용 과정

공립학교 교장 임용 과정은 교사들과의 일대일 관계를 구축할 수 있는 능력을 지닌 지원자를 구분해 낼 수 있도록 재구조화되어야 한다. 이러한 능력은 현재의 교장 임용 과정을 통해서는 평가될 수 없다. 교장 임용 절차를 경험한 내 관점을 바탕으로 이 절차에 대해 설명해보고자 한다.

채용 공고 단계부터 시작해보자. 공립학교 교장 채용 공고는 교육학 석사학위, 5년 이상의 교직 경험, 적어도 3년 이상의 행정 경험, 그리고 관련 자격증을 요구한다.

이러한 채용 공고에서는 지원자들이 능동적으로 듣는 것, 갈등을 해결해 나가는 것, 협동적으로 일하는 것과 같은 대인관계능력을 요구하지 않는다. 그러나 공립학교 교장들이 재임용이 되지 못하는 이유 중 하나는 이러한 대인관계 능력이 부족하기 때문이다.

공고에 열거된 자격조건 이외에도, 공립학교 교장 지원서는 "학교에 대한 당신의 생각은 무엇입니까? 제로용인정책(the zero tolerance policy)에 대해 어떻게 생각하십니까? 당신의 교육철학에 대해 기술하시오."와 같은 주제로 에세이를 요구한다. 여기서도 또한, 공립학교 교장 지원자들의 관계구축능력에 대해 평가할 기회는 없다.

공립학교 교장을 임용하기 위해서는 보통 3-4번 이상의 면접이 이루어진다. 첫 번째는 적격 심사로 10명에서 14명 정도의 심사위원이 심사를 한다. 위원회의 구성은 다양한데, 보통 그 지역의 교장 한 명, 부교육감, 몇 명의 부서장(과장), 특수교육 담당자, 학부모 한 명, 학교운영위원 한 명, 교사 한 명으로 구성된다. 약 45분 동안 각 심사위원은 미리 정해진 질문 목록에서 하나를 선택해 지원자에게 질문한다. 가끔은 앉은 순서대로 질문을 하기도 한다.

처음 질문은 대체로 "자기소개를 해 보십시오"이다. 다음으로는 어떠한 상황을 가정하고 그 상황에서 지원자가 어떻게 반응할 것인지를 묻는다. 다른 질문으로는 "본인이 이룬 가장 의미 있는 성취는 무엇이었습니까? 학생 평가 자료를 어떻게 활용합니까? 교육과정 설계를 어떻게 하는지 말해보십시오."와 같은 것들이 있다. 면접은 "시간이 다 되었습니다. 우리가 질문하지 않은 것 중에서 하고 싶은 이야기가 더 있습니까?"라는 질문으로 마무리 된다.

이 45분 동안의 면접은 적격심사로써 심사위원이 지원자에 대해서 더 알아보고 싶은지 그렇지 않은지를 결정하는 과정이다. 만일 심사위원이 지원자에 대해서 더 알아보겠다고 결정했다면, 지원자는 2차 심사에 올라가게 되고, 2차 심사에 오른 후보자들은 공개된다. 2차 심사에서는 작문 심사가 있는데, 후보자들은 20-30분에 걸쳐서 학교 질서, 부족한 학교 예산, 혹은 주(州)의 교육과정 등에 관련된 가상의 상황에 대해서 응답하는 글을 쓰게 된다. 작문 내용은 봉해진 채로 전달된다. 작문에 대한 피드백은 제공되지 않는다. 보통 3명의 최종 후보자가 선택되며, 그 중에 한 명은 종종 내부 지원자인 경우가 많다.

지원자가 2차 심사를 통과하고 최종 후보자로 선정되었다면, 심사위원들은 최종 후보자가 현재 근무하고 있는 학교에 직접 방문한다. 이 때, 최종 후보자는 심사위원들과 함께 대화를 나눌 대표 동료 전문가들을 소집한다.

임용 과정의 마지막 관문은 교육감과의 면접이다. 지역에 따라서는 지역 케이블 텔레비전 방송을 통해 공개적으로 질의응답을 하거나, 공개로 학교운영위원회가 개최되기도 한다. 질문은 "우리 학교가 현재 가지고 있는 명성을 어떻게 유지할 생각입니까? 학부모가 당신의 정책에 대해 동의하지 않는다면 어떻게 할 것입니까? 학교에서 학부모들의 역할이 무엇이라고 생각합니까?"등의 유형으로 집중된다.

공립학교의 학교장 선발은 지원 자격을 갖춘 이들이 지원서를 내고 임용 결정이 내려지기까지 약 3개월의 시간이 소요된다. 이 기간 동안 후보자의 이름은 공개되며, 때때로 지원자의 현재 직업과 관련해서 당황스러운 일이 생기거나 신임을 잃게 되기도 한다.

이처럼 장기간에 걸쳐 이루어지는 교장 임용 절차는 마치 사립학교나 기업에서 인적자원개발 전문가들이 하는 것과 같이, 심사위원이 후보자들의 개인적 자질에 대해 깊이 알 수 있는 충분한 시간을 갖는 것처럼 보인다. 이와 같은 상황에서는 중간 관리자 고용 절차 또한 길어진다.

최근에 나는 한 사립학교에서 공립학교 교장과 비슷한 역할의 행정가를 채용하는 공고를 낸 것을 보았다. 공고에는 "교직원, 학생, 학부모, 기타 다른 사람들과의 대인관계 문제에 대해서 중학교 교직원들을 안내하고 조언해 주실 분, 중학교 교직원들의 전문적 개발을 평가하고 지도해 주실 분, 우수한 교수학습 및 역동적인 교육과정을 개발하고 진흥시킬 리더십을 갖추고 있는 분을 채용합니다. 5개의 추천서와 관심분야 및 이력서를 제출해 주십시오."라고 쓰여 있었다.

나는 이 사립학교에 전화를 해서 채용 과정에 대해 물어보았다. 채용 과정은 다음과 같다: 첫 날 교장과의 면접이 이루어지고, 두 번째 방문하는 날에는 하루 종일 면접과 수업관찰이 이루어진다. 면접은 부장들과의 면접, 중학교와 상급 학년 교사들과의 면접, 교직원 대표와의 면접으로 이루어진다. 지원자는 학생들 및 교사들과 함께 점심식사를 하게 될 것이며, 면접 중간 중간에 몇 개의 학급에 방문하게 될 것이다. 이 후에 후보자는 세 번째로 학교를 방문하게 되는데, 이번에는 실제로 학급에서 수업을 하고, 교장을 다시 만나게 된다. 전체 채용 과정은 약 두 달에 걸쳐서 이루어진다.

이와 같은 채용 방법은 공립학교 교장 선발 과정에 비해 한 달이 적게 걸리고, 여러 다양한 상황에서 후보자의 다양한 면을 살펴볼 수 있게 한다. 또한 후보자의 대인관계 기술을 살펴볼 수 있는 기회를 더 많이 제공한다.

기업의 예를 살펴보면, 최근 몇몇 기업들은 기업 스캔들을 통해 장래의 관리자가 될 사람들이 그 역할을 해 낼 수 있는 대인관계 기술을 갖추고 있는지 미리 확인함으로써 실제 채용이 된 이후에 일어날 수 있는 곤란한 상황을 막고자 노력하고 있다. 이러한 기업들은 관리자가 될 후보자들을 면접하고 심사할 심리학자들을 고용한다. 면접과 심사는 지원자가 동료들과 일대일 관계를 구축할 수 있는 대인관계 기술을 가지고 있는지 확인하는 데 도움이 된다. 심리학자를 채용하는 비용이 많이 들지라도, 기업은 이를 통해 여러 후보자들 가운데 팀워크를 성공적으로 다지고, 팀 내 관계를 증진시킬 수 있을 것으로 판단되는 후보자들을 가려낼 수 있다.

공립학교는 미래의 학교 지도자 심사를 위해 심리학자를 채용할 예산이 충분치 않으므로, 사립학교에서 그러했던 것과 같이, 교사들이나, 노조 대표, 행정 직원들이 지원자를 비공식적으로 만나볼 기회를 제공하는 것이 이를 대신하는 하나의 방법이 될 수 있다. 3달에 걸친 선발과정 속에서, 지원서 제출에서부터 심사위원회를 구성하는 동안, 교장 후보자들이 교직원과 만남을 가질 수 있는 시간은 얼마든지 많다. 교사들과 행정직원들은 누가 그들의 학교와 가장 잘 맞는지 알고 있다. 교사들과 행정직원들은 그들 학교의 문화를 알고 있다. 우리는 교사들이 어떤 지원자가 우리 학교의 다음 교장으로서 가장 적합한지 결정할 수 있는 전문성을 갖추고 있다는 사실을 확신할 수 있어야 한다.

교장 연수 프로그램에의 의의

책무성과 투명성과 관련한 현재의 문화를 놓고 볼 때, 장래 지도자의 대인관계 기술에 대해 평가하는 것은 과거 어느 때보다도 중요한 문제이다. 보스턴의 예를 들면, 최근 한 저명한 가톨릭 대주교가 신자들의 신임을 잃어서 사임을 강요당한 적이 있다. 국가적으로 두 명의 저명한 지도자가 2001년 9월 11일 테러를 조사하는 위원회에서 물러났고, 상원의원 지도자가 과거에 그가 가졌던 인종에 대한 감정 때문에 불만을 표하는 많은 미국인들의 압박 때문에 자리에서 물러났다. 이것이 의미하는 바는 지도자는 더 이상 구성원들의 감정과 동떨어져 존재할 수 없다는 것이다. 대중은 정부에서, 종교 단체에서, 학교에서, 기업에서 무슨 일이 일어나고 있는지 알고 싶어 한다. 대중의 욕구를 채워주기 위해서 지도자는 손을 뻗어 이 책에서 제시하는 신뢰구축기제들을 사용함으로써 구성원들에게 신뢰를 심어줄 필요가 있다.

엔론, 월드컴, 메릴 린치와 이 외의 많은 회사들의 기업 스캔들은 대중들로 하여금 윤리적인 지도자 행동에 관심을 갖도록 했다. 대중은 더 이상 기업 지도자가 이윤만을 추구하기를 원치 않는다. 대중들은 그들이 공정하고 정직하게 이윤을 추구하기를 원한다.

오늘날 교회, 유대교, 기업, 학교의 지도자에게 있어서 도덕과 팀워크는 중요한 의미를 지닌다. 1940년대 이 후 경영대학 윤리학 수업에 새롭게 추가된 수업들이 이 점을 반영하고 있다. 예를 들어, 1947년 하버드 경영대학에서는 교육과정에 새로운 수업이 추가되었다. "행정의 실제(Administrative Practices)"라고 알려진 이 수업은 학생들에게 "사람들 속에서 일이 되게 하는 방법"을 가르친다(Callahan, 2002). 이 수업은 경영 리더십의 요인으로서 인간관계 관리를 재정, 생산, 마케팅만큼이나 중요하게 다룬다. 경영 지도자들은 이 수업이 그들이 하버드 경영대학에서 배운 것 중 가장 중요한 수업 중에 하나라고 말한다.

그렇다면, 교육에서는 어떻게 사람들 속에서 "일이 되게 하는 방법"이라는 아이디어를 활용할 수 있을까? 교육학에서 우리는 젊은이들, 기업, 종교, 학교의 다음 세대 지도자들에게 영향을 미치기 위해 노력하고 있다. 학교 교육이라는 관료제적 체제 속에서 협동적으로 일함으로써 "일이 되게" 할 수 있도록 예비 교장들을 훈련시키는 것은 어떨까? 교장양성에서 인간관계 관리를 위한 수업을 제공할 수 있을 것이다. 나는 이러한 수업들이 회계 관리 수업보다 가치가 있다고 본다.

이제는 교장 교육에 대한 새로운 접근을 시도해야 한다. 정년을 맞이하는 교장이 많아지면서, 국가적으로 교장이 부족해지자 새로운 교장 인증 프로그램이 제기되고 있다. 비영리 교육 및 전문가 조직은 지역의 대학과 연계하여 교장 자격을 부여하고 있다. 몇몇 조직은 전문성 개발 단체와 연계하여 자격 인증 프로그램을 후원하고 있으며, 이는 주 교육부의 승인을 받기도 한다. 이와 같은 새로운 행정가 자격인증 제도의 대부분은 주말이나 여름방학을 활용하며, 교장 연수 프로그램을 제공한다. 대학은 온라인으로 교육학 박사학위를 수여하고 있다. 몇몇 학교는 지역의 대학과 연계하여 미래의 행정가들에게 현장 중심의 방과 후 과정을 운영함으로써 "스스로 교장을 양성"하고 있다.

이제는 참여시키고, 확신을 유지하며, 갈등을 해결해 나가고, 의사결정을 공유하며, 개인적으로나 전문적으로 교사들을 존중해달라는 현장에서의 소리에 귀 기울일 차례이다. 이제 우리의 학교 지도자들은 다양한 팀 속에서 일할 수 있도록, 함께 문제를 해결할 수 있도록, 해결책을 강구해 나갈 수 있도록, 데이터를 모으고, 분리하고, 살펴보고, 다시 합치고, 새로운 데이터로 재조직할 수 있도록 훈련되어야 한다.

이제 우리의 학교 지도자들은 교사들의 의견을 능동적으로 수렴하고, 학교에 힘을 보태고 싶지만 어떻게 해야 하는지 모르는 교사들을 이끌어 줄 수 있는 자질을 갖출 수 있도록 양성되어야 한다. 이제 우리의 학교 지도자들은 학교의 모든 구성원들을 매일 학교를 오가는 학생들의 마음을 움직이는 사람으로 여겨야 한다. 학교의 지도자들은 더 나아지고 싶지만 능력이 부족한 교사들이나 행정직원들을 나무라기보다는, 그들이 잘한 일을 칭찬하고 그들을 도와야 할 때이다. 모두 함께 해야 한다. 우리는 모두 학생들의 더 나은 미래를 만들어가기 위해 교육 분야에 관심을 갖고 있다. 우리의 학생들을 위해 어떻게 신뢰 관계를 구축할 수 있을지 성인들이 고민해야 한다.

제 6 장

결 론

제 6 장
결 론

교직원들과의 신뢰 관계를 증진시킬 수 있는 능력을 갖춘 교장을 모집, 채용, 유지하는 몇 가지 방법은 다음과 같다: (1) 관계 구축 능력이 있는 교장을 선발할 수 있도록 공립학교 교장 선발 절차를 재구조화한다. (2) 이 책에서 제시된 신뢰 구축 행동을 아우를 수 있도록 학교장 직무수행 기준을 수정한다. (3) 인간관계관리에 관한 내용이 포함되도록 교장 연수 프로그램을 개정한다.

앞 장에서 살펴본 바와 같이 학교 지도자로서의 성공은 학교 지도자의 행동을 통해 구축되고 유지되는 신뢰관계에 달려있다. 이 책에서 구체적인 행동지침은 교장의 소통적 행동과 지원적 행동으로 다소 한정하여 기술하였다. 신뢰 증진을 위한 지침들이 단순해 보이지만, 본질적으로 위계적인 교장과 교사의 관계 그리고 책무성에 초점을 둔 정책은 신뢰를 증진시키는 것을 더욱더 어렵게 만든다. 이 책에서 교사들과 교장들이 제안한 리더로서의 행동 특성들은 학교장에게 교직원 신뢰를 증진시킬 수 있도록 하는 기회를 제공할 것이다.

현재 관심을 받고 있는 민주적 거버넌스나 공유 리더십(shared leadership) 이론들은 교장과 교사들이 학생들을 위해서 협동적으로 일할 필요가 있음 시사한다. 신뢰 관계는 이러한 협동의 근간이 된다. 그리고 그 중심에서, 교육은 학생들에게 교사와 학생 간의 관계 맺는 방법뿐만 아니라 학생과 학생을 둘러싼 세계와의 관계를 맺는 법을 가르치는 것이다. 교수학습 과정은 상호적인 것이며, 이 과정 속에서 교사와 학생들은 협동하여 학습 공동체를 만들어 나간다.

이러한 학습공동체가 만들어지기 위해서, 교장과 교사들은 본보기가 될 수 있는 상호작용을 해야 한다. 교장은 교직원에 대한 방침, 관습, 행동들을 통해서 학교를 일으킬 수도 무너뜨릴 수도 있다. 신규교사 이직률이 높은 현실은 교장의 지지가 중요하다는 사실을 여실히 드러낸다. 교직 입문 후 5년 이내에 학교를 떠나는 교사들이 말하는 그들이 직업을 그만두게 되는 이유는 부족한 학교의 행정적 지원이었다.

주와 연방정부법에 의해, 교장과 교사들은 과거 어느 때보다 학생들의 성취에 관한 과중한 책무성을 요구받고 있다. 학교의 수준을 유지하기 위해서는 교장과 교사는 협력해야만 한다. 협력은 교직원 신뢰를 필요로 한다. 이러한 의견은 유명한 중등교육 학자도 나타낸 바 있다. "모든 사람은 어떻게 평가될까에 대해 걱정합니다. 학생들의 시험성적 향상에 대한 주의 압박이 증가함과 동시에, (교장과 교사간의) 신뢰관계 문제가 점점 불거질 것이라고 생각합니다"(Institute for Educational Leadership [IEL] Connections, 2003).

최근 교육 리더십 연구소(IEL)는 학교 내 신뢰에 관한 비공식적 설문조사를 실시하였다. 응답자들은 신뢰는 효과적인 학교개혁과 리더십의 필수적인 요소라는 데에 모두 동의했다(IEL Connections, 2003). 대다수의 응답자들은 중등학교 내에 신뢰가 부족하다고 응답했다. 응답자들은 신뢰가 부족하기 때문에 독창성이나 혁신이 부족한 것이라고 느끼고 있었다. 이것은 물론, 학교 개혁과 학생의 성취도에 영향을 미친다. 대학 교수이자, 이 설문에 응답한 바 있는 한 참여자는 "신뢰가 없다면 개혁은 정체됩니다. 리더십은 강압이 될 것이며, 기껏해야 평범한 사람이 지도를 하는 것이 최상이 될 것입니다."라는 말로 이 현상을 정리했다(2003).

교육 정책은 교사들의 욕구와 관심을 고려하지 못하고 있다. 대부분의 연방정부 정책이나 주 정부 정책은, 입법자들이 "적정한 수준의 연간 향상"이라고 정해둔 것을 달성하지 못했을 때의 제제 사항을 구체적으로 나열함으로써, 교사들과 교장을 위협하고 있다. 이런 상황에서 교사와 교장은 학생들의 성취도 향상을 위해 협동해야 하며, 이 때문에 교직원 신뢰는 훨씬 더 중요하다. 교장이 신뢰 관계를 구축할 수 없다면 학교에서는 불만이 싹틀 것이다. 행정가와 교사가 단결하지 못한다면, 이는 학생들에 대한 서비스와 성공적인 학교 개선에 손상을 입혀 학생들에게 영향을 미칠 것이다. 전문적 협동이 일상화 되어야 한다.

교사들과의 대화를 통해서, 학교 지도자는 서비스를 제공하는 사람들, 즉 교사들을 발전시킬 필요가 있다는 것을 알 수 있었다. 이것이 바로 학교 개선의 핵심이다. 교장과 교사 간에 더 나은 소통과 지지를 통해서 교사를 지원할 수 있도록, 이를 통해 신뢰 구축에 도움이 될 수 있도록 학교 리더십을 재정비할 필요가 있다.

내가 방문했던 학교의 교장과 교사들은 신뢰에 관해서 이야기하는 것에 굉장한 관심을 보였다. 그들은 이 문제가 그들의 직업에 있어서 매우 중요한 부분이라고 생각하고 있었다. 본인들이 생각하는 신뢰 구축 과정에 대해 이야기 하면서, 교장과 교사들은 그들이 한 일들에 대해 평가해 볼 수 있는 가이드북이 있는지 궁금해 했다. 교장과 교사들은 어떻게 관계를 향상시킬 수 있는지에 관한 조언을 받고 싶어 했다. 이들은 학교 개선의 핵심은 학생 성취도 향상을 위해 협동적 노력을 집중할 수 있도록, 원만한 관계를 유지하는 것이라고 말했다.

효과적인 학교 지도자는 학교의 의사결정, 교직원과의 신뢰 구축, 학생 성취도 향상이라는 과제를 균형 있게 해결해 가야 한다. 신뢰 구축은 가장 어려운 부분으로 지속적으로 교직원에게 신뢰를 고취시킬 수 있는 상황을 찾아서 노력해야한다. 이 책에서 제시된 신뢰구축기제는 학교의 의사결정에 앞서 신뢰를 유지하기를 원하는 학교 지도자들에게 매우 유용할 것이다.

신뢰는 절대 완고한 것이 아니다. 그러므로 이 책에서 제시된 것과 같은 가시적인 행동들이 많아질수록, 신뢰는 더욱 뚜렷해질 것이다. 신뢰가 있다면, 교장과 교사 간 긍정적인 단합이 이루어질 것이다. 평가 체제 속에서 교장이 교직원들과 연합할 수 있는 기회가 많지 않기 때문에 신뢰 구축은 더욱 중요하다.

무엇보다 중요한 것은, 오늘날과 같은 비인간적이고 관료적인 공립학교 체제의 성공은 교장과 교사들이 구축하고 유지하고 있는 성공적인 일대일 대인관계, 상호 신뢰로 다져진 대인관계에 달려 있다는 것이다. 궁극적인 목적은 우리가 가르치는 아이들의 독립과 성장을 촉진하기 위해서 교사, 행정가, 학생, 학부모간 지원적인 관계를 발전시켜나가는 것이다.

제 7 장

요 약

지원적 행동
소통적 행동
교직원 신뢰에 기초한 리더십

제 7 장
요 약

이 책에 제시된 신뢰 증진 요인들은 교장과 교사들의 현장 경험을 바탕으로 도출된 것이다. 그리고 그 구체적인 요인 하나하나는 실천 가능한 것들이다. 즉, 분명한 목표를 갖고서 일관된 태도로 일하려는 의지와 동기를 지닌 사람이라면 누구나 이 책에서 실질적인 교훈을 얻을 수 있다.

이러한 신뢰 증진 요인들은 특정 직업에 제한되지 않는다. 믿을 수 있다든가, 함께 의사결정을 내린다든가, 혹은 동료직원을 공정하게 대한다든가 하는 원리들은 기업 경영자나 종교 지도자, 정치가, 의사 등 어떤 사람에게도 분명히 도움이 될 것이다.

아래에는 내가 신뢰 증진 요인이라고 명명한 것들을 요약하여 제시하였다. 신뢰를 증진시키거나 신뢰를 떨어뜨리는 요인들은 더 많이 탐색되어야 하겠지만, 아래 제시된 요인들은 인터뷰 기간 동안 교장과 교사들이 반복적으로 언급하였던 것이다.

지원적 행동

❖ 비밀을 유지하라

교사가 교장에게 어떤 비밀을 털어놓고 싶어 한다면, 그리고 그 비밀이 다른 사람에게 피해를 주는 것이 아니라면, 교장은 그 내용이 무엇이든 상관없이 그 비밀을 지켜주어야 한다. 비밀 유지는 교사들로부터 신뢰를 얻는 데 결정적인 역할을 한다.

❖ 모든 교사들을 공정하게 대하라

예를 들어, 한 교사가 개인적인 사정으로 맡은 일을 완수하기 힘든 상황이라면, 교장은 자신이 그 일을 하거나 다른 대안을 찾게 된다. 이와 유사한 상황이 다른 교사에게 발생하더라도 교장은 동일한 결정을 내려야 한다는 점이다.

❖ 지속적으로 대응하라

교사가 교장에게 어떤 요청을 하였을 때는, 그것이 교사가 원하는 자원이건 사소한 정보이건 간에, 언제나 그 교사는 교장으로부터 응답이 오기를 기다린다. 만일 교사가 징계 문제와 관련된 상황을 알고 싶어 하면, 교장은 적절한 방법으로 이에 대한 답을 주어야 한다. 컴퓨터 교사가 LCD 모니터를 필요로 한다면, 교장은 학교예산이 허락하는 한 그 교사에게 LCD 모니터를 구입해줄 필요가 있다.

❖ 끝까지 완수하는 모습을 보여라

교사들은 교장이 무슨 말을 하든지 간에 그가 한 말을 실행할 것이라고 기대한다. 예를 들어, 교장이 인근 학교에서 시행하고 있는 루브릭 평가 시스템에 대해 조사해 볼 것을 제안했다면, 교장은 그에 따른 후속 조치를 실행해야 하며, 관련 내용을 교사들에게 알려 주어야 한다.

❖ 교사들의 참여를 이끌어 내어라

교장은 모든 교과목에 관한 완벽한 지식을 가지고 있지 않지만, 개별 교사는 각 교과의 전문가들이다. 예를 들어, 교육감이 수학 교육과정에 대한 수정을 요구한다면, 교장은 가장 먼저 수학 교사들과 협의를 해야 한다.

❖ 우수한 성과를 인정하고 칭찬해라

학교의 발전에 긍정적인 기여를 하는 구성원을 인정하고 존중해주는 것은 관계적 신뢰를 촉진시킨다. 최근 부정적인 측면의 개선에 초점을 두어온 조직을 변화시키는 방법으로 "긍정적 조사(appreciative inquiry)"이라는 새로운 접근방법이 대두되고 있다. 학교장인 나에게 학부모가 찾아와 우리 학교 교사의 훌륭한 점을 이야기 해 주었을 때, 나는 이러한 사실을 그 교사들에게 알려줄 의무가 있다. 교사들은 이러한 긍정적인 피드백 받을 때 언제나 기뻐하고 고무된다.

❖ 믿음을 주라

교사는 어떤 경우에도 교장에게 의지할 수 있어야 한다. 징계 문제가 발생했다고 하더라도 교사는 교장이 자신을 지지해 줄 것이라고 믿음을 가질 수 있어야 한다. 학부모의 항의가 있을 때에도, 교사는 교장이 그 문제에 관하여 자신과 상의하고 그 상의 결과에 따라 학생들을 위한 올바른 결정을 내릴 것이라는 믿음을 가질 필요가 있다.

❖ 함께 이끌어라

학교장은 학교운영위원회와 같은 학교경영팀을 구성할 수 있다. 이때 팀의 구성은 각 교과, 예술 교과, 특수교육 등 다양한 영역의 대표들을 포함하는 것이 좋다. 이 팀은 교장에게 조언도 하고 사전 의견 조사 기회도 제공한다.

❖ 교사의 의견을 존중해라

학교의 새로운 정책에 관하여 의견을 개진하고 싶은 교사는 생각을 자유롭게 표현할 수 있어야 하고, 교장은 교사의 생각을 존중해 주어야 한다. 예를 들어, 한 학부모가 자녀를 수학 상급반으로 옮겨 주기를 원한다면, 수학교사의 의견을 구하고 그의 의견을 존중해야 한다.

❖ 교사의 개인적 삶을 이해하고 배려해라

내가 방문했던 한 학교에서는 교장이 자녀가 아파 조퇴를 한 교사의 수업을 대신하고 있었다. 그는 교사들 중 누구라도 가족의 문제로 조퇴를 해야 할 상황이 생기면 그가 조퇴를 한 교사의 수업을 담당한다고 말하였다. 내가 교장이었을 때 부모님이 돌아가신 교사를 대신하여 학급을 맡은 적이 있었다. 이 후 그 교사는 학기 내내 여러 차례 나에게 감사의 마음을 전하였다.

❖ 교사의 전문성을 존중해라

새로운 정책이나 실천, 교육과정을 실행하고자 한다면, 교장은 그 새로운 실천이 학교 상황에 적합한지에 관하여 교사들로부터 필요한 정보를 얻어야 한다. 교사들은 교장과 다른 관점을 가지고 있으며, 교사들의 관점은 종종 새로운 시도들이 학교 상황에서 어떻게 작동할지에 관하여 교장에게 유익한 정보를 주기도 한다.

❖ 실수를 기꺼이 인정해라

약점을 보여주는 것은 신뢰를 구축하는 방법이 된다. 교장 역시 실수를 저지르는 한 인간이라고 생각하는 교사들은 신뢰와 함께 연민과 존경심을 갖게 된다. 예를 들어, 메모 작성 시 빈번하게 오타가 발생한다는 점을 인정하는 교장의 행위는 그가 겸손하다는 것을 나타내며, 교사들은 그런 교장을 좋아하게 된다.

소통적 행동

❖ 갈등을 피하지 말고 해결하기 위하여 노력하라

교장은 갈등을 드러낼 필요가 있다. 예를 들어, 추가적인 보상 없이 복도 생활지도 하는 문제를 놓고 교사 집단 사이에 갈등이 발생하였다면, 교장은 두 교사집단을 따로 만나서 이야기를 듣고 이어서 함께 만나 타협점을 모색할 책임이 있다. 이 문제는 학부모 자원봉사자를 찾아 교사들의 추가적인 부담을 대신하게 하거나, 복도 지도를 담당하는 교사에게는 급식 지도를 면제해주는 방식으로 해결될 수도 있다.

❖ 적절한 시기에 정확한 정보를 제공해라

잘못된 정보나 정보의 부족이 신뢰를 구축하는 데 가장 장애가 된다고 교사들은 말한다. 부서간의 오해는 흔히 있지만 이를 적절하게 다루면 신뢰가 형성된다. 쟁점은 발생하는 즉시 개방적이고 정직한 방법으로 다루어야한다. 가령, 교육청의 새로운 지침을 시행해야 한다면, 교장은 교사들 사이에서 그러한 소문이 돌기 전에 먼저 교사들에게 말해주어야 한다. 이러한 방법을 통해 교사들은 관련 정보를 직접 얻을 수 있을 뿐만 아니라 교육청의 새로운 지침도 정확히 이해할 수 있다.

❖ 목표와 기대를 명확히 제시해라

교장이 교사들에게 거는 기대가 무엇인지 명확하게 제시하는 것은 중요하다. 예를 들어, 수학 점수 향상을 올해의 중점 과제로 설정하였다면, 교장은 교사들과 그 문제에 관하여 논의하여야 하며, 그런 과정을 통하여 한 마음이 되었을 때 비로소 교사들은 수학 점수 향상을 위하여 협력할 수 있다. 심지어 몇 퍼센트의 학생들이 몇 점 이상의 점수를 받아야 하는지 구체적으로 교사들에게 알려줄 필요가 있다. 그러면 교사들은 어떤 목표를 위해 노력해야 하는지 알게 된다.

❖ 적극적으로 경청하고 공감하라

매일 다양한 사건들이 벌어지는 학교 상황에서 교사 개개인 또는 집단의 의견을 장시간 경청한다는 것은 쉬운 일이 아니다. 그러나 교장이라면, 학교 버스에서 무슨 일이 벌어졌더라도 혹은 교육감과의 회의에서 어떤 일이 있었더라도, 모든 생각을 잠시 중단

하고 교사에게 초점을 둘 필요가 있다. 교장 자신이 교사의 입장에 들어가 그들이 하려는 말에 귀 기울인다면, 교사들은 인정받고 있다고 느끼게 될 것이다.

❖ 비공식적 대화를 자주 갖도록 교사들의 눈에 띄어라

사무실에서 많은 시간을 보내는 교장은 학교에서 눈에 잘 띄지 않는다. 나는 아주 조그만 초등학교임에도 불구하고 그 학교 학생들 대부분을 모르는 교장에 대해 들은 적이 있다. 교장이 학생들을 모르는 이유는 대부분의 시간을 교장실에서 보내기 때문이다. 그 학교 교사들은 문제가 생겼을 때 이야기할 수 있는 사람이 없다고 불평했다. 학부모들은 축구장에서 만난 교장에게 그를 만나기 힘들다는 점, 학생들이 교장선생님을 잘 모른다는 점, 선생님들이 교장선생님과 분리되어 있다고 느낀다는 점 등의 불만을 토로하였다. 교사들이 학교 어디에서나 교장을 자주 만날 수 있게 함으로써 교사들이 그들 마음속에 있는 말을 쉽게 할 수 있도록 하는 것은 매우 중요하다.

❖ 교사들이 언제나 찾아올 수 있도록 하라

내가 인터뷰했던 많은 교장과 교사들은 필요할 때면 언제든지 교장과 접촉할 수 있는지의 여부가 중요하다고 말하였다. 이들에 의하면, 교장은 교사와 학생들에 우선적으로 고려해야 하며, 문서작업은 나중 일이다.

❖ 필요한 만큼 회의를 계획하라

어떤 교사는 참석할 회의가 너무 많다고 불평하였고, 어떤 교사는 교장과 만날 수 있는 기회가 너무 부족하다고 말하였다. 협의할 의제가 너무 많아 한꺼번에 다루기 힘들어 지기 전에 회의를 개최하는 것이 요령이다.

❖ 의사결정 권한을 공유하라

교사들과 의사결정 사항을 협의하게 되면, 교장은 그 의사결정의 결과를 사전에 파악하는 기회를 얻는다. 현재 상황의 다양한 제약 조건들을 듣게 되면 교사들은 왜 그러한 결정이 필요한지 더 잘 이해하게 된다. 교장은 쟁점들을 직접 논의하기 위하여 경영팀이나 전체 교직원을 소집할 수 있다.

교직원 신뢰에 기초한 리더십

다양한 신뢰 증진 요인에 대한 이 책의 사례들은 학교 현장에서 직접 가져온 것이다. 이 사례들은 신뢰 증진 요인들이 학교에서 어떤 역할을 하는지를 실무자들이 이해하게 해준다. 학교에 새로 부임한 교장이나 다른 학교지도자들은 첫해의 대부분 시간을 그 학교 문화를 배우기 위한 노력의 일환으로 듣고 관찰하는 데 사용한다. 그 첫해는 또한 교장과 교사의 신뢰를 증진시키는 데 사용되어야 한다는 것이 나의 제안이다. 부임 첫해, 교장은 면담 시간의 대부분을 단지 교직원을 알기 위해, 서로의 이야기를 나누기 위해, 문화적 유사성과 차이점을 발견하기 위해 사용할 필요가 있다.

새로 부임한 교장들은 첫해의 대부분 시간을 학교의 일상과 교직원에 친숙해지는 데 사용한다. 무엇이 잘 운영되고 있는지, 어떤 활동이 존중되고 있는지, 어떤 것들이 개선되어야 하는지 교장은 알아내야 한다. 그러려면 교장은 교직원과 친해져야 하며, 교사들의 개인적 삶이나 학교생활에 관하여 정보를 얻어야 한다. 이를테면, 저녁에 교사에게 전화를 걸어 새로운 교육과정이 어떻게 운영되고 있는지, 팀티칭은 어떻게 되어가고 있는지, 어떤 학생의 향상 정도는 어떤지, 아픈 자녀의 현재 상태가 어떤지, 연수 과정은 어떻게 진행되고 있는지 등에 대해 교장은 교사와 대화해야 한다.

이러한 활동을 위해서는 시간이 필요하다. 그래서 새로 부임한 교장의 첫해는 녹초가 되기 마련이다. 그러나 교사들과 신뢰를 형성하는 데 시간을 들이는 것은 새 교장이 해야 할 가장 중요한 일이다. 신뢰는 교장과 교사의 일대일 관계에 달려있다. 신뢰는 학교 개선의 초석이 된다. 책무성과 학교개혁이 강조되는 이 시대에 교장이 교사에게 다가가 성숙한 신뢰관계를 형성하는 것은 충분히 가치 있는 일이다.

참고문헌

Archer, J. (2003). N.Y.C. Chancellor issues "report cards" on principals. *Education Week*, 22 (18), 4.

Ashby, D. E., and Krug, S. E. (1998). *Thinking through the principalship*. Larchmont, NY: Eye on Eduction.

Barnes, K. M. (1994). *The organizational health of middle schools: Trust and decision making*. (Doctoral Dissertation, Rutgers, State University of New Jersey).

Barnes, L. B. (1981). Managing the paradox of organizational trust. *Harvard Business Review*, 107-116.

Barth, R. S. (1990). *Improving Schools from Within*. San Francisco: Jossey-Bass.

Barnes, W. G. (1994). *On Becoming a Leader*. Reading, MA: Perseus Books.

Blumberg, A., and Greenfield, W. (1980). *The Effective Principal: Perspectives on Shool Leadership*. Boston: Allyn and Bacon.

Blumberg, A., and Greenfield, W. D., and Nason, D. (1978). The substance of trust between teachers and principals. *NASSP Bulletin*, 62 (9), 76-88.

Bogdon, R., and Biklen, S. (1998). *Qualitative Research in Education*.

Boston: Allyn and Bacon.

Burns, J. M. (1978). *Leadership*. New York: Harper and Row.

Bushnell, D. (2002). Authors hail true leaders, old, young. *Boston Sunday Globe*. November 10, Gl, G6.

Callahan, D. (2002). Making it. *Boston Sunday Globe*. December 8, D5.

Carnevale, D. G. (1988). *Organizational trust: A test of a model of its determi-mamts*. (Doctoral Dissertation, Florida State University). Dissertation Ab-stracts Internationa, volume 49-12A

Chatfield, C. A. (1997). *The Trust Factor*. Santa Fe: Sunstone Press.

Checkley, K. (2000). Changing the way we think. *Education Update*. ASCD, 42 (8), 3.

Cho, A. (2002). Newton must restore trust in schools. *Boston Sunday Globe*. November 17, G5.

Cooper, R. K., and Sawaf, A. (1997). *Executive E. Q. Emotional Intelligence in Leadership and Organizations*. New York: Grosset/Putnam.

Copland, M. A. (2001). The myth of the superprincipal. *Phi Delta Kappan*, 82 (7), 528-533.

Creswell, J. W. (1994). *Research Design: Qualitative and Quantitative Approaches*. Thousand Oaks, CA: Sage Publications.

Evans, K. M. (1992). *Trust and shared governance of schools: A qualitative approach*. Dissertation Abstracts International, A53/09, 3059.

Farmer, R. F., Gould, M. W., Herring, R. L., Linn, F. J., and

Theobald, M. A. (1995). *The Middle School Principal.* Thousand Oaks, CA: Sage Publications.

Ferris, C. H. (1994). *A program for building trust between teachers and administrators to enhance the supervision/ evaluation process.* Paper Presented at AERA, New Orleans, April. (Eric Document Reproduction Service, Number 370 930)

Fullan, M. G. (1993). *What's Worth Fighting for in the Principalship.* Toronto: OPSTF.

Gibb, J. R. (1969). Dynamics of leadership. in F. D. Carver and T. J. Sergio-vanni (Eds.). *Organizations and Human Behavior: Focus on Schools.* New York: McGraw-Hill.

Glesne, C. (1999). *Becoming Qualitative Researchers.* New York: Addison Wes-ley Longman.

Hausman, C. S., Crow, G. M., and Sperry, D. J. (2000). Portrait of the "ideal principal": Context and self. *NASSP Bulletin*, 84 (617), 5-14.

Hernandez, A., and Mahoney, M. (2002). Is the private sector qualified to reform schools? *Education Week*, 22 (3), 34, 38.

Hoerr, T. (2000). Doing things right or doing the right things? *Education Week*, 11 (35), 44, 47.

Hoffman, J. D. (1993). *The organizational climate of middle schools and dimensions of authenticity and trust.* (Doctoral Dissertation, Rutgers, State University of New Jersey).

Hoffman, J., Sabo, D., Bliss, J., and Hoy, W. K. (1994). Building a culture of trust. *Journal of school Leadership*, 4, 484-499.

Horton, T. R., and Reid, P. C. (1991). *Beyond the Trust Gap: Forging a New Partnership between Managers and Their Employers*. Homewood, IL: Busi-ness One Irwin.

Hoy, W. K., and Kupersmith, W. (1984). Principal authenticity and faculty trust: Key elements in organizational behavior. *Planning and change*, 15, 80-88.

Hoy, W. K., and Kupersmith, W. (1985). The meaning and measure of faculty trust. *Educational and Psychological Research*, 5 (1), 1-10.

Hoy, W. K., and Tarter, C. J. (1998). The context of trust: Teachers and the principal. *The High School Journal*, 72 (1), 17-24.

Hoy, W. K., and Tarter, C. J., and Kottkamp, R. B. (1991). *Open Schools/Healthy Schools: Measuring Organizational Climate*. Newbury Park, CA: Sage Publi-cations.

Hoy, W. K., and Tarter, C. J., and Witkoskie, L. (1992). Faculty trust in colleagues: Linking the principal with school effectiveness. *Journal of Research and Development in Education*, 26 (1), 38-45.

Institute for Educational Leadership Connections. (2002). Reader survey: Is trust the missing ingredient? 1 (2), November/ December.

Institute for Educational Leadership Connections. (2003). TRUST (Commen-tary) 1 (3), January/February.

Keller, B. (1998). Principal matters. *Education Week*, 28 (11),

25-27.

King, S. D. (1996). *Trust and shared governance: A qualitative approach at the middle school level*. (Doctoral Dissertation, Marquette University).

Kotter, J. P. (1998). *The Leadership Factor*. New York: The Free Press.

Kotter, J. P. (1999). *On What Leaders Really Do*. Boston, MA: Harvard Business School Press.

Kottkamp, R., Mulhern, J., and Hoy, W. K. (1987). Secondary school climate: A Revision of the OCDQ. *Education Administration Quarterly*, 23, 31-48.

Kron, J. (1990). Effective middle level principal. In R. W. Hostrop. *The Effective School Administrator*. Palm Springs, CA: ETC Publications.

Kupersmith, W. (1983). *Leader behavior of principals and dimensions of teacher trust*. (Doctoral Dissertation, Rutgers, State University of New Jersey). Dissertation Abstracts International, 45, 365.

Lashway, L. (2000). Who's in charge? The accountability challenge. *Principal Leadership*. NASSP, 1 (3), 9-13.

Lewicki, R. J., and Bunker, B. B. (1996). Developing and maintaining trust in work relationships. In Kramer, R. M., and Tyler, T.R. *Trust in Organizations*. Thousand Oaks, CA: Sage Pubilcations.

Likert, R. (1961). *New Patterns of Management*. New York: McGraw-Hill.

Likert, R. (1967). *The Human Organization: Its Management and Value*. New York: McGraw-Hill.

Mannion, P. T. (1998). *Trusting transformational principals: An empirical surprise*. Paper presented at AERA, San Diego, April. (Eric Document Repro-duction Service, Number 420 926).

Maxwell, J. A. (1996). *Qualitative Research Design: An Interactive Approach*. Thousand Oaks. CA: Sage Publications.

McBride, M., and Skau, K. G. (1995). Trust, empowerment, and reflection: Essentials of supervision. *Journal of Curriculum and Supervision*, 10 (3), 262-277.

Merriam, S. B. (1998). *Case Study Research in Education: A Qualitative Approach*. San Francisco: Jossey-Bass.

Merriam, S. B. (1998). *Qualitative Research and Case Study Application in Education*. San Francisco: Sage Publication.

Miles, M. B., and Huberman, A. M. (1994). *Qualitative Date Analysis: An Expanded Sourcebook* (2nd edition). Thousand Oaks. CA: Sage Publications.

Morgon, D. L. (1997). *Focus Groups As Qualitative Research*. Thousand Oaks. CA: Sage Publications.

Murphy, J. and Louis, K. S. (1994). *Reshaping the Principalship*. Thousand Oaks. CA: Corwin Press.

Nachmias, D. (1985). Determinants of trust within the federal bureaucracy. In D. H. Rosenbloom (Ed). *Public personnel policy: The politics of civil service*. Port Washington, NY:

Associated Faculty Press.

Nationl Association of Elementary School Principals. (1997). *Proficiencies for Principals*. Alexandria, VA: NAESP.

Nori, J. (2000). The future of the middle level program. *Principal Leadership*. NASSP, 1 (2), 60-61.

Ouchi, W. G. (1981). *Theory Z*. Reading, MA: Addison-Wesley.

Owens, R. G. (1982). Methodological rigor in naturalistic inquiry: Some issues and answers. *Educational Administration Quarterly*, 18 (2), 1-21.

Palus, C. J., and Horth, D. M. (2002). *The Leader's Edge*. San Francisco: Jossey-Bass.

Pappano, L. (2001). The chalkboard. *Boston Sunday Globe*. May 13, L5-L6.

Preuss, P. G. (1980). *Content and process: A study of the relationship berween the substance of trust and interpersonal relationships between teachers and principals*. (Doctoral Dissertation, Syracuse University). Dissertation Ab-stracts International, 41, 2390A.

Rooney, J. (2000). Survival skills for the new principal. *Educational Leadership*, 58 (1), 77-78.

Seitsinger, R. M., and Zera, D. A. (2002). Administrative systems and their responses to special education. *Educational Horizons*, 1 (81), 27-32.

Sergiovanni, T. J. (1990). *Value-Added Leadership*. Orlando, FL: Harcount Brace Jovanivich.

Sergiovanni, T. J. (1996). *Leadership for the Schoolhouse*. San Francisco: Jossey Bass.

Sernak, K. (1998). *School Leadership-Balancing Power with Caring*. New York: Teachers College Paess.

Tarter, C. J., Bliss, J. R., and Hoy, W. K. (1989). School characteristics and faculty trust in secondary schools. *Educational Administration Quarterly*, 25 (3), 294-308.

Tarter, C. J., Sabo, D., and Hoy, W. K. (1995). Middle school climate, faculty trust and effectiveness: A path analysis. *Journal of Research and Development in Education*, 29 (1), 41-49.

Villani, S. (1999). *Are You Sure You're the Principal? On Being an Authentic Leader*. Thousand Oaks, CA: Corwin Press.

Wolcott. H. F. (1990). *Writing up Qualitative Research*. Newbury Park, CA: Sage Publications.

Wolfs, A. (2002). The men who disappeared. *Boston Sunday Globe*. December 22, D1.

Yin, R. K. (1994). *Case Study Research: Design and Methods* (2nd edition). Thousand Oaks, CA: Sage Publications.

역자 소개

정성수 현) 인제대학교 교육대학원 교수

- 학력
  - 경북대학교 사범대학 교육학과(학사)
  - 서울대학교 대학원 교육학과 교육행정전공(교육학박사)
- 저서
  - 전환기의 한국교육정책(공저)
  - 학교장 학교경영편람(공저)
- 논문
  - 교육정책집행 영향 요인의 특성 분석
  - 한국 교육정책학의 최근 연구동향 분석 외 다수

홍창남 현) 부산대학교 교육학과 교수

- 학력
  - 서울대학교 영어교육과(학사)
  - 서울대학교 대학원 교육학과 교육행정전공(교육학박사)
- 저서
  - 학교특성과 교사헌신의 구조적 관계
  - 학교경영컨설팅과 수업컨설팅(공저)
- 논문
  - 교사효능감의 제고가능성에 대한 실증분석
  - 학교경영컨설팅의 개념 모형 탐색 외 다수

박상완 현) 부산교육대학교 교육학과 교수

▸ 학력
- 이화여자대학교 교육학과(학사)
- 서울대학교 대학원 교육학과 교육행정전공(교육학 박사)

▸ 저서
- 한국 학교조직 탐구(공저) 외

▸ 논문
- 학교 선택을 통한 공립학교 개혁과 계층간 교육격차 완화
- 학교장의 지도성에 관한 국내 연구동향 분석 외 다수

이쌍철 현) 부산대학교 대학원 교육학과 박사과정

▸ 학력
- 한국교원대학교 초등교육과(학사)
- 서울대학교 대학원 교육학과 교육행정전공(교육학 석사)

▸ 논문
- 교원성과급 정책의 순응 및 불응요인 분석
- 교육경비보조금의 공평성 분석 외 다수

역자와의
협의하에
인지생략

학교경영과 신뢰

교장과 교사간 신뢰 증진 방안

2010년 2월 25일 인쇄
2010년 3월 2일 발행

역 자 **정성수 · 홍창남 · 박상완 · 이쌍철**
발행자 **박준식**

발행처 도서출판 원 미 사
서울 성북구 장위2동 65-192 우남빌딩 202호
등록 1994년 1월 18일(제6-192호)
TEL 02)919-9630 FAX 02)919-3093
E-mail: wonmisa@unitel.co.kr

파본은 교환해 드립니다. **정가 12,000 원**

ISBN : 978-89-5544-153-6